# चलो दोस्त, सब ठीक है ...

वाणी प्रकाशन

नयी दिल्ली-110002

फोन : 23273167, 23275710 ● फैक्स : 23275710

e-mail : vani_prakashan@yahoo.com

vani_prakashan@mantraonline.com

# चलो दोस्त, सब ठीक है ...

शैलेन्द्र सागर

वाणी प्रकाशन का लोगो
विख्यात चित्रकार मकबूल फिदा हुसेन की
कूची से

वाणी प्रकाशन
21-ए, दरियागंज, नयी दिल्ली-110002
द्वारा प्रकाशित

संस्करण : 2004
संस्करण : 2005
मूल्य : 70.00

आवरण : वाणी चित्रांकण

शुभम ऑफसेट, दिल्ली-110032
में मुद्रित

CHALO DOST SUB TICK HAI
by Shalendra Sagar

# - एक -

जैसे-जैसे वे थाने के निकट आ रहे हैं, उनकी गति भी बढ़ रही है। शुरुआती अक्टूबर की इस खुशनुमा सुबह में खासी तरो-ताजगी है पर रात भर के जागरण और थकान को नहीं छका पाती वो। मन चाहता है कि जल्दी थाने पहुंचे और मुंह-हाथ धोकर बैरक में पड़े तख्त पर कमर टिका दें। कल दिन में भी आराम करने को कहां मिल पाया था। बिजली की लुका-छिपी के विरोध में व्यापारियों ने बंद का आह्वान किया था और सभी कर्मचारियों की कमरबंदी लग गयी ।

'...बिजली हो पानी, सड़कें टूटी हों या पुल बनाने की मांग हो, तीज-त्यौहार हों या परीक्षायें, मकान-जमी के आपसी झगड़े हों या सरकार से कोई बैर..,सबकी गाज पुलिस वालों पर ही गिरती है।' थाने के बरामदे में खड़ा सिपाही देवेन पाण्डेय कल चीख कर कह रहा था।

जैसे-जैसे कस्बा नजर आने लगा है, श्रीराम ने अपनी सायकिल की रफ्तार तेज कर ली है। संग्राम सिंह उसका इस प्रकार साथ छोड़ने का बुरा नहीं मानते। जानते हैं कि श्रीराम सायकिल पटक कर सीधे सामने वाले पीसीओ पर जाकर अपनी नयी नवेली बीवी से बतियायेगा। वह हैरत में थे जब उन्हें पता चला कि श्रीराम ने अपने घर पर फोन लगवा रक्खा है। फोन और एक सिपाही के घर...! उनके लिये तो फोन बड़े अफसरों और सेठों की पहचान है।

'दीवान जी, जय हिन्द...।'

'जैहिन्द भाई। सब खैरियत तो है..।'

संग्राम सिंह ने सायकिल पेड़ के सहारे खड़ी की है।

सुबह-सुबह कार्यालय स्टाफ द्वारा इस प्रकार के अभिवादन का अर्थ संग्राम सिंह अच्छी तरह समझते हैं। वह मन ही मन मुस्करा दिये हैं।

'जी, सब ठीक ठीक है। जरा यहां होते हुये चले जाना...।' थाने का मुंशी महेन्द्र बरामदे में खड़ा अपनी लुंगी ठीक कर रहा है।

'अरे महेन्द्र, नेक तो सांस लेने दिया कर।' पीछे लौट रहे श्रीराम के कदम थम जाते हैं। वह झुंझला कर कहता है, 'अभी सायकिल खड़ी की नहीं है। पूरे बारह घंटे में थाने लगे हैं। रात भर की गश्त और वो भी दीवान जी के साथ...। और तू है कि दूसरा हुकुम दागने की तैयारी में है...।'

संग्राम सिंह धीमे से मुस्करा दिये हैं। इस प्रकार की टिप्पणी सुनने के वह काफी अभ्यस्त हैं। कटहल के लम्बे, ऊंचे पेड़ से सायकिल टिका कर उन्होंने कंधे से रायफिल उतारी है और उसमें तनी शिलिंग खोल दी है। फिर पेट से बंधी कारतूस की पेटी खोल कर वह थके कदमों से थाना कार्यालय की ओर चल दिये हैं। वह जानते हैं कि महेन्द्र मुंशी उन्हें अकारण ही नहीं पुकारेगा। जरूर कोई हुकुमनामा उनके इंतजार में है। इसे लेकर न तो उन्हें कोई परेशानी है और न ही कोई उत्सुकता...।

पिछले छत्तीस सालों से यही सब तो देखते, करते आये हैं- गश्त, निगरानी, गिरफ्तारी, दबिश, तलाशी, तामीली, शहादत, बंदोबस्त..., तीन सौ पैंसठ दिन, चौबीस घंटे...। घर-परिवार में शादी ब्याह हो तो छुट्टी ली ही जाती है वरना महीने में एक बार थानेदार को सलाम बजाकर बच्चों के पास हो लिये और महीने भर के राशन, तेल, घी, रुपये का इंतजाम कर तसल्ली कर बैठे। उसके बाद आते-जाते लोगों से बच्चों की खैर खबर ले ली। न तो पहले इतना अवकाश किसी को मिलता था और न ही छुट्टी मांगने का साहस कोई कर पाता। दरअसल इसका कोई रिवाज ही महकमे में नहीं था। यह बात शुरूआती नौकरी में ही उस्तादों ने सिखला दी थी, 'बक्शीश, ईनाम, मेहनताना, हफ्ता भले ही सीना तान कर मांगों, पर तातील नज़रें झुका कर..।' (रिश्वत नाम की चीज उस समय होती ही कहां थी।)

उस दिन एक सिपाही बड़े बेअदब अंदाज में छुट्टी की मांग कर रहा था तो उसे समझाने लगे वह, 'भाई, जब यह वर्दी पहनी है तो कुछ अपने को भी बदलो। पुलिस में ड्यूटी पहले, बाल बच्चे सब बाद में...।'

'दीवान जी, कैसी बातें करते हैं । ठीक है, ड्यूटी जरूरी है पर बच्चों पर ध्यान देना भी उतना ही जरूरी। फिर सरकार तीस दिन की छुट्टी किसलिये देती है। छुट्टी लेना मेरा हक है। छुट्टी मना करने की कोई वजह तो हो। कायदा-कानून भी कुछ है या पुलिस के लिए कोई नियम नहीं है...।' आरक्षी देवेन पांडे ने तैश भरे स्वर में कहा।

'भाई, ऐसा मत बोलो। कायदा कानून हमेशा रहे हैं और रहेंगे। लेकिन वर्दी पहन कर महकमे से ही कायदे-कानून की बात करोगे तो कैसे काम चलेगा। तातील पहले भी थी भले ही चौदह योम की। पर हममें से न जाने कित्तों ने सालों-साल एक दिन की छुट्टी नहीं ली। तब तो छुट्टी के बदले नकदीकरण या एक महीने की ज्यादा तनख्वाह या बोनस वगैरह भी नहीं दिया जाता था...। फिर यहां तो रात-दिन का काम है। बताओ, सब कर्मचारी पूरी छुट्टी लेने लगेंगे तो थाने का काम कैसे चलेगा...?'

'इसकी जिम्मेवारी सिपाही की है क्या? सरकार सोचे ये...। दीवानजी, हम

कोई ठेकेदार तो नहीं हैं। सरकार की नौकरी करते हैं। हर चीज का जिम्मा हम अपने ऊपर क्यूं ओढ़ लें?'

'बिना जिम्मेवारी के फर्ज अंजाम नहीं होता बरखुरदार...।' संग्राम सिंह ने मुस्करा कर कहा,' जिंदगी में फर्ज सबसे अहम है।'

'उस्ताद, ड्यूटी करते हैं पर उसके अलावा भी जिंदगी में बहुत कुछ है। आप पुराने वक्त की बातें करते हैं। पुलिस की नौकरी का यह मतलब तो नहीं है कि बाल बच्चों को भुला दें। तभी न पुलिस वालों के बच्चे कभी ऊपर नहीं उठ पाते। दीवानजी, आज बच्चों को भी आपकी उतनी ही जरूरत है जितनी महकमे को, बल्कि ज्यादा ही..। महकमे को देखने वाले तो पचास हैं पर बच्चों का तो सारा दारोमदार मां-बाप पर ही है। फिर वो भी तो हमारा फर्ज है।'

संग्राम सिंह ने एक लम्बी सांस ली। अंदर तक झनझनाहट महसूस करने लगे वह। पांडे की बात उन्हें अंदर तक चीरती चली गयी। उसने गलत तो नहीं कहा था। खुद अपने बच्चों को लेकर क्या परेशान नहीं होते वह? उन्हें अहसास था कि बच्चे उनसे एक अजीब सी दूरी महसूस करते रहे थे। बचपन के कई सालों तक तो वह उनके लिये अजनबी ही थे। थोड़ा बड़ा और समझदार होने पर छोटू उनके साथ चलने के लिये कैसी जिद करता था। उनका भी मन मचल-मचल उठता था। और तब सोते हुए ही उसे छोड़ कर घर से आते थे वह। कुछ घंटे बड़ी बेचैनी में बीतते। पर थाने आकर फिर सब भूल जाते। फर्ज हावी हो जाता और जब कोई नया साथी इस तरह की बातें करता तो न चाहकर भी अपने को रोक नहीं पाते वह और बहस-मुबाहिसे में मुब्तिला हो जाते हैं।

'ठीक है भाई..।' उन्होंने कहा, 'पर हमने तो यही सीखा कि रोटी देने वाला ग्फर्ज पहले...। उसके लिए वफादारी अव्वल दर्जे पर है।'

नए साथियों की सोच से टकराहट से अजीब सी झुंझलाहट महसूस करते हैं संग्राम सिंह। पिछले कुछ वर्षों से ऐसे मुद्दे बढ़ते जा रहे हैं। और तब वह अपने को अजनबियों की भीड़ में घिरा तन्हा और बेबस महसूस करते हैं। उन्हें यह भी अहसास है कि उनके नए सहकर्मी उन्हें पुराना, दकियानूस और रूढ़िपंथी गधा मानते हैं जिस पर जो लाद दो, बेचारा उफ्फ नहीं करता। ड्यूटी के प्रति उनके मन में कभी कोई सवाल उठता ही नहीं है किन्तु अब...!

कल रात ही जब श्रीराम की गश्त बतलाई गई तो एकबारगी थाने के प्रधान लेखक यानी हैड मोहर्रिर पर बिफर उठा वह, 'दीवान जी के साथ गश्त का मतलब जानते हैं आप? सायकिल चला-चला कर पिंडलियां काठ बन जाती हैं...।'

'भाग्यशाली हो, उनसे कुछ सीखने का मौका मिल रहा है...।' हैड मोहर्रिर दीवान संग्राम सिंह पर ऐसी टिप्पणियां करने से नहीं चूकता।

श्रीराम ने बुरा सा मुंह बनाया और चुप कर गया क्योंकि जानता था कि रोस्टर से गश्त आने पर बचत का कोई रास्ता नहीं था। रोजनामचे में अंकित अपनी रवानगी पर दस्तखत बनाते हुए पढ़ने लगा वह।

'आठ से दस सगुरा, दस से बारह भानपुरा, बारह से दो नकटिया और दो से चार रमपुरा...।' पढ़कर उसने बुरा सा मुंह बनाया और रोष भरी नजरों से रोजनामचे पर हस्ताक्षर करते हुये चिढ़ कर बोला, 'उस्ताद, और जकड़ दीजिए। हगने-मूतने का समय भी तय कर दीजिए...।'

'भइया, कप्तान साहब का आदेश है कि गांववार गश्त भेजी जाये।' हैड मोहर्रिर ने हंस कर कहा।

'तो रास्ते के आठ,दस मजरे क्यों छोड़ दिये हैं। वहां की किसी वारदात का जिम्मा नहीं है हमारा...।'

'खूब कहा श्रीराम, लगता है उड़ कर जाओगे।' प्रधान लेखक अभी भी हंस रहा था।

'अच्छा, अभी हिदायतें भी तो हैं। अदालती सम्मन की तामीली, सभी बदमुजन्नों की निगरानी, मफरूरों की तहकीकात, भानपुरा में हरिजनों की दरख्वास्त की जांच, चौकीदारों से दरयाफ्त और बीट सूचना...,उफ्फ, उस्ताद गश्त है कि एक महीने की एवज में काम...।' वह परेशान होकर बोला, 'बरसात का मौसम है, अंधेरी रात, कीचड़ भरे कच्चे रास्ते...।'

'तभी तो गश्त जरूरी है भाई...।' संग्राम सिंह दस्तखत करते हुए बोल उठे, 'बरसात और अंधेरी का जुर्म से चोली दामन का साथ माना जाता है। ऐसे में पुलिस चौकन्ना न रहे तो क्षेत्र छलनी हो जायेगा। अब तो कुछ भी नहीं है। एक वो भी जमाना था कि जब पूरी-पूरी अंधेरी थाने लौटने को नहीं मिलता था। पूरे पन्द्रह दिन थाने पर शक्ल दिखाने की मनादी थी...।'

'दीवान जी,' पास खड़ा सिपाही देवेन पाण्डे बोल उठा, 'बड़ा जमाना बदल गया है। अब वो सब बातें कहां। पहले तो सायकिल भी नहीं थी और अब...।'

'हां भाई, बदला है जमाना। तुम बी0ए0 हो। सुना है वकालत भी पढ़ रहे हो। मैं ठहरा सात जमात पास, हालांकि उस जमाने में सात भी काफी माना जाता था। सायकिल, मोटर सायकिल सब आ गई पर जुर्म रोकने का कोई नया तरीका तो ईजाद नहीं हुआ। बदमाशों में तो कोई बदलाव आया नहीं बल्कि ससुरे ज्यादा खतरनाक और तेज हो गये हैं...।'

'पर दीवान जी हर जगह का टाइम बांधना, पचास काम लादना, आखिर हम भी तो आदमी हैं...?' श्रीराम ने नाराजगी भरे स्वर में कहा।

'भाई..,' संग्राम सिंह हंसने लगे थे, 'गश्त है ही यही। पहले ये सब काम हम खुद बखुद करते थे। अब अफसरानवाला साफ हुकुम देने लगे हैं। पहले तो वैसे

भी सब काम मुंह जुबानी ही होता था। न तो कोई इतना पढ़ा लिखा होता था और न ही तालीम की जरूरत महसूस की जाती थी। पुलिस की तालीम तो उसका डंडा थी। बाकी जिससे जो कह दिया, उसने गांठ बांध ली। अब आप पढ़े लिखे हो, एमए, बीए हो। एक-एक आदेश पढ़ते हो और माफ करना, जितने काम पर दस्तखत कराये जाते हैं, उतना ही काम करते हो...।'

'पर इसमें क्या बुराई है...?' देवेन पाण्डे पूछने लगा।

'बुराई कुछ भी नहीं है, पर जो यकीन और भरोसा पहले एक दूसरे पर रहता था, अब वह नदारद हो गया है। अब सब आपस में शक की निगाह से देखते हैं...। वर्दी वाले महकमे में यह बहुत बड़ा हादसा है...।'

उनके स्वर में दर्द उतर आया। कुछ पल शाँत रह कर फिर बोले वह, 'जनता तो वैसे ही हम पर यकीन नहीं करती और अब आपस में भी....।' उन्होंने एक गहरी आह भरी।

थाना कार्यालय में तैनात सभी कर्मी बड़े निस्पृह भाव से उन्हें सुनते रहे। कुछ मुस्कराये तो कुछ और कार्यों में व्यस्त दीख पड़े।

हैड मोहर्रिर मालखाने से रायफिल और कारतूस निकालने लगा। श्रीराम कारतूस गिन रहा था...।

'चलें...?' संग्राम सिंह ने कहा।

'दीवान जी, रवानगी कराने का मतलब यह तो नहीं कि तुरंत थाने से रफा दफा हो जायें। अभी दिन भी नहीं छुपा। रोटी निबटा कर आठ-नौ बजे तक निकल लेंगे।'

संग्राम सिंह इस प्रश्न के लिए तैयार थे। हंस कर बोले, 'भाई, हर बार वही सवाल करते हो और मेरा जवाब भी जानते हो। भइया, पुलिस की गश्त तभी कारगर होती है जब झुटपुटे में सिपाहियों को गश्त पर जाता देखा जाता है। चार मजरों और गांवों से पुलिस गुजरती है। तभी न बदमाशों तक पुलिस की मौजूदगी की खबर पहुंचती है और वे इलाका छोड़ कर दूसरी तरफ बढ़ जाते हैं...। जुर्म और जुर्म करने वालों पर काबू पाने का यह एक कारगर तरीका है।'

वह मुस्कराने लगे।

कंधे पर रायफिल चढ़ाकर और कारतूसों की पेटी कमर से बांधकर वे दिन छिपे थाने से निकल पड़े। पर दोनों के चेहरों की भाव-भंगिमा में बड़ा अंतर था। जहां एक ओर संग्राम सिंह का चेहरा उत्साह और कर्तव्य भाव से दमक रहा था वहीं दूसरी ओर श्रीराम के चेहरे पर मुर्दानगी और सुस्ती की लेप चढ़ी हुई थी। मौसम अलग उदास और मुर्झाया हुआ था। सूरज की रोशनी मद्धिम पड़ गयी थी। आसमान में बादल छाये थे। हवा लगभग बंद थी। एक अजब सी उमस चारों ओर फैली हुयी थी। भारी

संख्या में लोग सायकिलों, तांगों, इक्कों से अपने अपने गांवों की ओर लौट रहे थे - एक अजब सी हड़बड़ी के साथ...। घर लौटने को बेताब....,घर जहां पत्नी, बच्चे, बूढ़े मां- बाप टकटकी बांधे जैसे उनकी ही प्रतीक्षा के लिये व्याकुल हों। उन्हें देख कर कभी संग्राम सिंह के दिल में भी एक टीस सी उभरती है। वह इस सुख से क्योंकर वंचित रहे? जवानी के भरे दिनों में भी महीने में पत्नी से एक या दो बार संसर्ग उन्हें खासा तकलीफ देता था। उससे मिल कर वापस लौटते तो एकाध दिन बड़ी बेचैनी में गुजरता। पर वह जल्दी ही इस बेचैनी पर काबू पाने की कोशिश करते ; सुबह-शाम ध्यान, पूजा-पाठ करते और अब...।

...हर सिपाही का किसी न किसी औरत से लफड़ा सुना जाता है। एकाध के द्वारा तो अपने क्वाटर में किसी औरत को ले आने की बात तक उनके कानों में पड़ी है। सार्वजनिक जानकारी होने के बावजूद न उनके खिलाफ कोई कार्रवाई होती है और न ही उनके चेहरे पर हया या संकोच की कोई शिकन...। एक सिपाही के बारे में यह तक सुना जाता है कि वह आला अफसरों के लिये औरतों का 'जुगाड़' करता है। सच्चाई वह कभी नहीं जान सके पर जिस तरह वह बिना वर्दी के बेरोक टोक दरोगा की मोटर सायकिल पर घूमता था और कभी कभार ही ड्युटी अंजाम देता था, उनके शक को पुख्ता करता है। देहात गश्त, संतरी ड्यूटी उसने कभी की ही नहीं। दीवान तो दीवान, कभी दरोगा तक को ठीक तरह सैल्यूट नहीं किया।

उसे देखकर संग्राम सिंह बुरी तरह भुनभुना उठते। एक दिन लाल टी शर्ट और नीली जींस पहनकर मोटर सायकिल की चाबी उंगुली में घुमाते वह थाना कार्यालय में घुसा तो संग्राम सिंह अपने को रोक नहीं सके, 'बरखुरदार, लगता ही नहीं सिपाही हो। क्या छुट्टी पर हो या बच्चों से मिलने जा रहे हो...?'

उसे बुरा जरूर लगा पर संग्राम सिंह के स्वभाव से हर कोई परिचित था, इसलिये एक बेशर्म सी हंसी हंसा वह, 'दीवान जी, काम करने को तो पूरी उम्र पड़ी है, दो-चार दिन की मस्ती नहीं की तो भगवान के सामने क्या जवाब देंगे।'

'क्या मतलब..?' संग्राम सिंह ने चिढ़कर पूछा।

'मतलब यह कि भगवान ने आदमी को जिंदगी जीने के लिये दी है। जिंदगी जीने का मतलब सिर्फ काम नहीं है। ऐश और तफरीह भी है। देखिये, सरकार ने भी छह दिन बाद एक दिन की छुट्टी रखी है। क्यूं, सातों दिन काम क्यों नहीं? क्योंकि छुट्टी, आराम और मौजमस्ती भी जरूरी है।' कहकर वह उसी मुद्रा में चाबी घुमाता हुआ वहां से चला गया।

संग्राम सिंह ने अंदर तक आहत महसूस किया। मन में आया कि उसे रोक कर दो झापड़ जड़ दें पर ऐसे में नये साथियों की उच्छृंखलता उन्हें सदैव आतंकित कर जाती।

आज कस्बे में पैंठ का दिन था और बाजार में खासी रौनक़ थी। कस्बा पार करते करते यह रौनक एक वीरानी में तब्दील हो रही थी। हालांकि चारों ओर दूर दूर तक खेत थे जो दिन में अपनी हरीतमा से मन को आह्लादित करते थे पर सांझ का अंधेरा उसे अपने में लील गया था। एक अजीब सी मनहूसियत का साया वहां डोलता नजर आ रहा था।

'उस्ताद, देख रहे हैं, सब अपने अपने घरों को लौट रहे हैं, अपने बच्चों के पास और हम इस पुलिस की कमबख्त नौकरी में चाकरी के लिये निकल पडे हैं...।' श्रीराम ने कहा।

'भाई, ये सब तो नौकरी में आने से पहले सोचना था। पुलिस की नौकरी ही चौबीसों घंटों की है...।' संग्राम सिंह ने उत्तर दिया। कच्चे रास्ते पर फिसलती सायकिल पर नियंत्रण करते हुये बोले, 'श्रीराम, जिस नौकरी से रोटी मिलती है उसे रात दिन कोसने से कोई फायदा नहीं है। उससे मन को तकलीफ ही होगी। और यही काम पूरी लगन ओर शिद्दत से करोगे तो इसी में मजा आने लगेगा।'

श्रीराम ने कोई उत्तर नहीं दिया। वह जानता था कि संग्राम सिंह और उनके विचारों से किसी प्रकार का कोई सामंजस्य संभव ही नहीं है। सच तो यह है कि उसकी ही क्या, किसी भी नये आरक्षी के साथ उनकी नहीं पटती। श्रीराम और उस जैसे तमाम नये कर्मचारियों के लिये संग्राम सिंह एक पुराने, सठियाये और बेअक्ल आदमी का नमूना थे।

सगुरा में चौकीदार को जाकर उठाया और उससे गांव के हाल-चाल पूछे। उसे साथ ले जाकर गांव के हिस्ट्रीशीटरों यानी दुराचारियों के घरों पर आवाज लगा कर उनकी मौजूदगी चैक की। झोले में से निकाल कर अदालत में पेशी के लिये गवाहों के रोबकार तामील किये। चौकीदार ने लोटे में लाकर पानी दिया तो मुंह-हाथ धोये और गला तरल किया और तब वे आगे बढ़ गये।

भानपुरा में प्रार्थना पत्र की जांच में काफी समय लग गया। आरोप-प्रत्यारोप का लंबा दौर चला। कोई सामान्य जांच होती तब संग्राम सिंह भी इतना ध्यान नहीं देते। किंतु यह हरिजन बनाम सवर्ण का मामला था। यह तो आरोपियों का सौभाग्य था कि मौजूदा सरकार ने ये आदेश दिये हैं कि अनुसूचित जाति के लोगों की शिकायतों पर बिना आला अफसरों की इजाजत के मुकदमे कायम न किये जायें।

सोच कर संग्राम सिंह मन ही मन मुस्करा दिये। यही पार्टी जब पहले सत्ता में थी तो दलितों की मामूली शिकायत पर अच्छों-अच्छों के लेने के देने पड़ जाते थे। नतीजतन विपक्षियों द्वारा सत्ता दल के विरुद्ध यह प्रमुख चुनावी मुद्दा बनाया गया। इस आलोचना से बचने के लिये अभियोग दर्ज न करने की यह अलिखित और अघोषित व्यवस्था कर दी गयी। सोच कर संग्राम सिंह हैरान होते हैं, ...अब

स्थितियों में बदलाव कितनी जल्दी आता है, सरकारी मशीनरी की कार्यप्रणाली रातों-रात कैसे बदल जाती है। लिखित आदेशों के अर्थ बदल जाते हैं, उनकी व्याख्यायें उलट जाती हैं। पहले ऐसा नहीं होता था। नियम, कायदे-कानून को देखने का नजरिया इतनी जल्दी नहीं बदलता था। बार बार के इस बदलाव से निचले स्तर के कर्मचारियों को कार्य करने में अनेक व्यावहारिक कठनाइयां झेलनी पड़ती हैं। समझ ही नहीं पाते कि किसी काम को किस नजरिये से किया जाये जिससे मौजूदा सरकार का कोपभाजन न बनना पड़े।

'बरखुरदार..,' संग्राम सिंह ने लाला को एक तरफ ले जाकर समझाया जिसका एक अवर्ण से लेन देन का झगड़ा था,'.ईश्वर को धन्यवाद दो कि इस मामले में महज जांच हो रही है, वरना इस पूछताछ की नौबत ही नहीं आती, सीधे जेल जाते, कचहरी के चक्कर अलग लगाते...।'

तुरंत मामला सुलट गया। दोनों पक्षों के बीच समझौता करा दिया गया और तहरीर पर हस्ताक्षर बनवा लिये।

सारी कार्रवाई प्रधान के घर पर हुयी। वहां सारा प्रबंध था। उसके घर में गश्त के सिपाहियों के लिये बिस्तर लगा रहता था। बाकी सारा इंतजाम भी..., रोटी, चाय-पानी और दारू भी। पर श्रीराम तो क्या, पूरा थाना और सारा हलका जानता है कि संग्राम सिंह के साथ दारू का सेवन नामुमकिन है। ऐसा नहीं है कि दारू से उन्हें नफरत या परहेज है । तीज-त्यौहार, शादी- ब्याह, यारी-दोस्ती में लेने से वह भी नहीं चूकते। पर ड्युटी के वक्त....?

'दीवान जी, नेक कमर सीधी कर लो।' श्रीराम ने मुस्करा कर कहा, जानता था कि सुनकर वह चिढ़ भी सकते हैं अथवा कर्तव्यपालन और निष्ठा का नया पाठ पढ़ा सकते हैं।

'भइया, अब कमर तो बैरक में ही सीधी होगी। तुम चाहो तो थोडी देर लौट लो। सायकिल चला कर थक गये होगे। फटफटिया चलाने के आदी हो न...।' वह भी उलटवार करने से नहीं चूकते।

श्रीराम उठ खड़ा हुआ। संग्राम सिंह के साथ गश्त करना तभी न इतनी तकलीफदेह कवायद है। एक तो दिन छिपे निकल जाना और फिर लगातार चलते रहना वरना गश्त का मतलब एकाध गांव में चक्कर लगाते हुये दूसरे-तीसरे गांव में सोना और अलस्सुबह थाने पर वापसी...। इसीलिये देहात गश्त के नाम पर सिपाहियों में खासी हीला-हवाली होती है। हर सिपाही इससे बचना चाहता है। देवेन पाण्डेय सरीखे कई सिपाहियों का तर्क है, 'गांव में लुटने को है ही क्या? दो-चार हजार की चोरी चपाटी क्या मायने रखती है। इन वारदातों को कौन नोटिस करता है।'

पर संग्राम सिंह समझाते हैं; 'भाई, देहात को नजरअंदाज कर पुलिस का काम चला है कभी। अस्सी फीसदी आबादी गांवों में है और अब पुलिस कार और सड़क पर चलने वालों की हिफाजत में लगी है। गांव में एक एक पैसा जोड़ कर लोग शादी ब्याह के लिये कुछ बचत करते हैं और वो सब मिनटों में चला जाता है। पर हमारा ध्यान उस पर न होकर बैंकों की देखभाल पर है जहां अमीरों के पैसे जमा हैं....।'

शहरों के रहने वाले उनके अधिकतर साथी उनके विचारों को कभी रूढ़िवादी अथवा परम्परावादी मानते हैं तो कुछ उन्हें व्यवस्था विरोधी भी कहते हैं। व्यवस्था विरोधी इसलिये क्योंकि वर्तमान में विभाग और शासन का सारा ध्यान अब नगरीय अपराधों पर केन्द्रित हो गया है। उस पर संग्राम सिंह की आपत्ति नागवार होना स्वाभाविक है। संग्राम सिंह का खुद का कहना यह है कि ग्रामीण युवकों की पुलिस में भर्ती के प्रति पैदा हुई अरुचि व उदासीनता तथा उनका शहरों की ओर पलायन इसके लिये जिम्मेवार है। बहरहाल एक थानेदार से उनकी बिगाड़ इसी वजह से हो गई थी। हफ्तों से देहात गश्त नहीं गई और उधर संग्राम सिंह के हलके में डकैती की ताबड़तोड़ वारदातें हो गईं। यह अलग बात थी कि उनमें से डकैती की एक भी घटना थाने पर नहीं लिखी गई। पर सच्चाई का दंश संग्राम सिंह को बेधने लगा। देहात क्षेत्र के प्रति थानेदार की उदासीनता असह्य हो चली। एक दिन अपने को रोक नहीं सके वह, 'हुजूर, हलके में कई वारदातें हो गई हैं। कई घरों में लूटपाट हो गयी है। इलाके में दहशत फैल रही है।'

'किसे बता रहे हैं ये, हलका तो आप ही का है। आप तो पुराने आदमी हैं, जुर्म पर काबू पाना भी जानते होंगे...।' तंज भरे लहजे में बोला वह।

'जी,' वह अंदर ही अंदर तिलमिला उठे, 'दरअसल थाने से देहात गश्त निकल ही नहीं रही। तभी अर्ज कर रहा था कि एकाध आदमी मिल जाये तो गश्त भी करूं और सुरागरसी करके बदमाशान का पता भी लगाऊं। पर सारे मुलाजमान पिकेट और रोड गश्त में ही लगे रहते हैं।'

'दीवान जी, अब वो ज्यादा जरूरी है। एक बस लुटने पर नौकरी पर बन आती है। पता है न, साधुपुर के कोतवाल एक रोड होल्डअप की वजह से पिछले तीन महीने से मुअत्तिल पड़े हैं। देहात की वारदात को अब कौन देखता है।'

'पर साहब, है ये ज्यादती...।' वह अपने को रोक नहीं सके।

'ज्यादती...,' थानेदार जिलेदार सिंह ने मुंह बिगाड़ कर कहा, 'अफसरान के हुकुम और नजरिये को देखना जरूरी है या आपकी हिदायतें...।'

'हुजूर, मैं आला अफसर को हिदायत देने की जुर्रत कैसे कर सकता हूं। पर देहात के लोगों की हिफाजत और देखभाल करना भी तो हमारा फर्ज है। उसके लिये तो कोई अलग फोर्स तो है नहीं। पिछले एक महीने में मेरे हलके में एक भी गश्त

नहीं गयी। जब भी हैड मोहर्रिर से कहा तो किल्लते मुलाजमान बतला दिये। पुलिस की आमोदरफ्त नहीं होगी तो बदमाशों में पुलिस का खौफ कैसे होगा ?'

'बस चुप करो...। हैड कांस्टिबिल हो, उसी की तरह रहो। हलके के ठेकेदार नहीं हो। मेरी भी जिम्मेवारी है। जब ड्यूटी बढ़ रही है तो कौन काम जरूरी है और कौन कम जरूरी, यह तुम तय नहीं करोगे। पच्चीस साल पहले बसें और बैंक लुटते थे कहीं, पकड़ होती थीं इस तरह। इस तरह की एक वारदात की चर्चा पूरे इलाके में होती है। आजकल पहले पेज पर यह खबर छपती है और वो भी मोटे हरफों में। तब उसे देखेंगे या गांव की चोरी चपाटी को जिसमें हजार-दो हजार का माल मसरूका होता है। अब टुच्चे क्रिमिनल इस तरह की वरदातें करते हैं। असली जुर्मपेशा अब यही बड़े काम कर रहे हैं। तब किस पर तव्वजो दी जायेगी। मुलाजमान आज भी उतने हैं जितने पच्चीस साल पहले थे। ये सब तो समझ में आता नहीं और बस बहस...।' वह फुंफकारता हुआ उठ कर चला गया।

संग्राम सिंह उसके लिये पुराने और जटिल कर्मचारी का नमूना थे जो जमाने की रफ्तार से बहुत पीछे छूटे हुये हैं।

थानेदार जिलेदार सिंह ने संग्राम सिंह से मन ही मन ठान ली थी। आखिर सीधी भर्ती का दरोगा था वह और पच्चीस साल का अनुभव था उसका। कई थानों पर थानेदारी कर चुका था। शुरुआती नौकरी में अपने काम-धाम के लिये अधिकारियों का प्रिय भी रहा था। खाते-पीते परिवार से आया था। और कोई नौकरी तो उसके परिवार वाले उसे करने ही नहीं देते पर थानेदारी में चयन की खबर गांव क्या पूरे क्षेत्र के लिये एक अहम घटना थी। पश्चिमी उत्तर प्रदेश में उसका गांव है जहां सरकारी नौकरियों में यदि किसी पद की ओर लोग रुतबे और सम्मान की निगाह से देखते हैं तो वो है थानेदारी...। कई दिनों तक घर में जश्न मना था क्योंकि पूरे पांच साल बाद गांव का एक लडका दरोगा के लिये चुना गया था। यह एक समृद्ध और शिक्षित गांव था और गांव के कई लडके इंजीनियर, डाक्टर बन चुके थे, एक लड़का बैंक में बड़ा अफसर भी था और दो वर्षों पूर्व ही एक लड़का केंद्रीय सेवाओं में प्रथम श्रेणी की सेवा में भी चुना गया था। पर गांव वाले सभी से एक ही सवाल पूछते, 'तम यो बताओ कि छोरे को सिपाही सलाम करेगा या नईं...।'

किसी नौकरी के महत्व को परखने का यही मापदण्ड था उनका।

जिलेदार सिंह के प्रशिक्षण के जाने से पूर्व ही रिश्तों की बाड़ आ गयी। दस, पंद्रह बीघे जमीन तक देने को राजी थे लड़की वाले। बुलेट तो वैसी ही जरूरी थी जैसे कन्या के लिये मंगलसूत्र...।

उसका विवाह भी खूब शान से हुआ और उसी ठसके से उसने शुरुआती नौकरी

भी की। बी0ए0 पास थे, सोचा था कि दस, पंद्रह साल में इंसपेक्टर बन कर सेवा निवृति के बाद कम से कम डिप्टी बन कर गांव वापस लौटूंगा। पर आज पच्चीस सालों की नौकरी के बाद भी अभी दरोगा ही है। अब प्रोन्नति की संभावनायें भी बहुत क्षीण हैं। एक तो रंगा पुता उनका सेवाभिलेख और प्रोन्नति के दुर्लभ अवसर...। पिछले दस वर्षों में निरीक्षक के पद पर केवल एक बार चयन संभव हो सका है। कभी विभागीय उदासीनता तो कभी न्यायालय का हस्तक्षेप...। अब तो तरक्की की कोई ख्वाहिश भी उनके अंदर नहीं है और नौकरी का अकेला मकसद अपने और बच्चों के भविष्य को आर्थिक रूप से सुदृढ़ करना है।

जिलेदार सिंह ने संग्राम सिंह को तरह तरह से परेशान करना शुरु कर दिया। एक ड्यूटी से वह लौटे नहीं कि दूसरा हुकुम तैयार। सम्मन तामीली के लिये एक बार बलिया, गाजीपुर तक भेज दिया जबकि एटा के रहने वाले संग्राम सिंह ने कानपुर और लखनऊ के पार का प्रदेश कभी देखा ही नहीं था। पूरी नौकरी आगरा मंडल में ही की थी। देहात गश्त, जिससे अधिक्तर कर्मचारी कतराते थे, यह कह कर उन्हें भेज दिया जाता था कि वह इसके हिमायती थे। बच्चों से मिलने के लिये इजाजत भी अब आसानी से नहीं मिलती थी। एकाध बार अनसुनी, फिर किसी महत्वपूर्ण ड्युटी का ताना और उसके बाद दिन में जाकर रात में लौटने की हिदायत...। अवकाश मांगने की आदत तो उन्हें थी ही नहीं।

संग्राम सिंह सब कुछ जानते समझते हुये भी इसे सहते रहे। अपना काम पूरी मुस्तैदी से करते क्योंकि थानेदार की धमकियां उनके कानों में पड़ती रहती थीं। कार्यालय में तैनात प्रधान लेखक उन्हें लगातार आगाह करता रहता था।

...पर जिलेदार सिंह की हरकतों से वह अपने को अछूते नहीं रख सके। कस्बे में सट्टा फिर शुरू हो गया था, गंगा की तराई में कच्ची शराब धड़ल्ले से खिंच रही थी। इतना तो वह शुरुआती नौकरी से देखते आये थे पर जब अपराधियों से सांठ-गांठ की खबर उनके कानों में पड़ी तो वह बड़ा विचलित अनुभव करने लगे। एक कत्ल के मुलजिम को उन्होंने थानेदार के घर से निकलते देखा जिसकी गिरफ्तारी के लिये डिप्टी साहब ने उन्हें सख्त हिदायत दी थी।

उन्हीं दिनों उनके हलके में डकैती की एक घटना हुई-हत्या के साथ...यानी धारा 396 भारतीय दण्ड विधान...। चारों तरफ सनसनी फैल गयी। कप्तान ने घटना स्थल का निरीक्षण किया और अभियुक्तों का पता लगाने के सख्त निर्देश दिये। संग्राम सिंह जी जान से जुटे पर थानेदार ने डकैती के मुलजिमों को थाने लाकर भी छोड़ दिया और अगले दिन उन्हें न्यायालय में आत्म समर्पण करने की मोहलत दे दी जिससे वरिष्ठ अधिकारी उनसे कोई पूछताछ न कर सकें। तहकीकात में न जाने क्या बात सामने आ जाये। ये ही पता चल जाता कि जिलेदार सिंह की शह पर इन

बदमाशों ने पड़ौस के थाने में तीन डकैतियां डाली थीं। फिर गिरफ्तारी से कार्रबाई शनाख्त में दफा 169 जाब्ता फौजदारी में रिहा होने की गुंजायश भी कम रह जाती है।

संग्राम सिंह बुरी तरह तिलमिला उठे। भ्रष्टाचार उनके लिये कोई अजूबा नहीं है। न ही दूध के धुले वह खुद हैं। जो हक जहां बना है, उन्होंने स्वीकार भी किया है...। काम भी कहां चलता है उसके बिना। पांच बच्चे और तन्ख्वाह चालीस रुपये से बढ़ कर आज पांच हजार अवश्य हुयी है...। लेकिन वेतन से कभी पूरा पड़ा है क्या...। घी, दूध, अनाज यहीं से भेजा करते हैं। जो किसी ने दे दिया, उसे स्वीकार भी करते हैं। लेकिन अपराधियों और जुर्मपेशा लोगों से पैसा लेने की तौबा की है उन्होंने। बदमाश को सिर्फ बदमाश ही माना है - समाज और पुलिस का दुश्मन...। उनकी धर पकड़ में कोई कसर नहीं रखी। साहसी इतने कि जान भी जाखिम में डालने से नहीं चूकते। राष्ट्रपति के वीरता पदक से सम्मानित किये जा चुके हैं। इस पर बड़ा नाज हैं उन्हें और तब से अपराधियों के विरुद्ध लामबन्दी और सख्त हो गई उनकी।

डकैती के मुलजिमों की कार्रवाई शिनाख्त असफल रही और वे सभी रिहा हो गये । कप्तान द्वारा इसकी जांच आदेशित कर दी गयी और डिप्टी ने सारी जिम्मेवारी संग्राम सिंह के सिर थोप दी- हलका इंचार्ज के नाते। गिरफ्तारी के लिये पुरजोर कोशिश नहीं की, शिनाख्त के लिये गवाहों को ठीक ढंग से समझाया-बुझाया नहीं, जेल में कर्मचारियों से ठीक तालमेल नहीं बनाया, चिप्पियों को ठीक ढंग से नहीं लगवाया वगैरहा....।

थानेदार एक चेतावनी पाकर छूट गये और संग्राम सिंह की पेशी कप्तान साहब के सामने अर्दली रूम में हुयी।

आम चर्चा थी कि डिप्टी ने इस रपट के लिये जिलेदार सिंह से पूरे पांच हजार लिये थे।

लगभग पच्चीस साल की बेदाग नौकरी के बाद मुख्य आरक्षी के रूप में वर्दी, साफा, पेटी कसकर पुलिस लाइन में अर्दली रूम में पेश होने पर वह बुरी तरह टूटन अनुभव करने लगे। आगे पीछे दो हवलदारों से घिरे जब उनकी कप्तान के सामने पेशी हुयी तो उन्हें लगा कि वह लड़खड़ाकर गिर पड़ेंगे। उनका सिर बुरी तरह चकरा रहा था। दिसम्बर के उस ठंडे मौसम में भी पसीने से तर थे वह।

आरोप पत्र पढ़ा गया-

'मुकदमा अपराध संख्या 112 अन्तर्गत धारा 396 भारतीय दण्ड संहिता थाना सेबरही जो आपके बीट क्षेत्र में घटित हुआ था, के अभियुक्तों की पतारसी करने और उन्हें गिरफतार करने के लिये आपने कोई कोशिश नहीं की जिससे अभियुक्तों

को न्यायालय में हाजिर होने का अवसर मिला। आपने मुलजिमों की कार्रवाई शिनाख्त मे भी कोई दिलचस्पी नहीं ली जिससे सभी गवाह धारा 169 दण्ड प्रक्रिया संहिता में रिहा हो गये। इस प्रकार आप कर्तव्यपालन में शिथिलता और लापरवाही के दोषी प्रतीत होते हैं। आपको इस संबंध में क्या कहना है?'

संग्राम सिह नीचे मुंह किये मूर्ति की मानिंद खड़े थे। ...शांत पर, बुरी तरह उद्वेलित। एक चीत्कार मानों उनके अंदर विस्फोट के लिये आतुर थी। थानेदार के काले कारनामे उनके मस्तिष्क पटल पर नुकीले पंजे मार रहे थे। उन्हें लगा कि वह चीखने लगेंगे अथवा बुरी तरह फूट पड़ेंगे....। अपने अंदर जमे आक्रोश को दबाते हुये वह बुरी तरह कांपने लगे। सावधान की मुद्रा, जिसमें मूर्ति की तरह बिना हिले डुले खड़े रहना अपेक्षित है, में उनके शरीर में हो रहा कंपन उन्हें और परेशान कर रहा था। कहीं सही कवायद न करने का आरोप भी उन पर न जड़ दिया जाये। उन्होंने पैरों को जमाया और कस कर मुट्ठी भींच ली।

'तुम्हें हैड किसने बना दिया..,' कप्तान ने उपहास भरे स्वर में कहा, 'काम में लापरवाही और अब मुंह सिले बुत की तरह खड़े हो। कुछ कहना है तुम्हें..?'

वह शांत रहने के लिये अपने से लड़ते रहे थे। पुलिस के अनुशासन का बोझ उनके दिलो- दिमाग पर बुरी तरह हावी था। जानते थे कि थानेदार के विरुद्ध कोई आरोप मामले को पेचीदा बना सकता था। उनके पास आरोप के समर्थन में कोई साक्ष्य भी तो नहीं था। क्या मालूम कप्तान किसी जांच का हुकुम दे डालें जिसका नतीजा थानेदार के साथ उनके लिये भी गंभीर और भयावह हो...।

चौदह दिन की दलेल की सजा सुनकर जब वह बाहर निकले तो बरामदे के एक कोने में वह बुरी तरह फूट पड़े और देर तक फफक-फफक कर रोते रहे। पेटी और साफा उतार दिया।

...दलेल यानी सजा जो तुच्छ दंड की श्रेणी में आती है- जिसकी कोई अपील भी नहीं है। पर संग्राम सिह के लिये यह अदालत की सजा से भी ज्यादा कठोर और यातनापूर्ण थी।

जीवन में पहली बार दो रायफिल कंधे पर लाद कर वह सुबह-शाम दण्ड कवायद करते रहे।

सजा समाप्त होते ही उनका तबादला दूर दराज की एक चौकी पर कर दिया गया जहां न रहने का कोई स्थान था और न ही कोई अन्य सुविधा...।

## - दो -

'बता भाई, क्या हुकुम है सरकार का...?' थके व भरे कदमों से थाना कार्यालय में पहुंच कर उन्होंने रायफिल मालखाने के दरवाजे के सहारे खड़ी की और कार्यालय के चबूतरे पर बैठते हुए महेन्द्र मुंशी से पूछने लगे हैं।

'दीवान जी, आज राम बारात निकल रही है न। जुलूस के आगे आपकी ड्यूटी है।'

'कितने बजे हैं जुलूस...?'

'यही कोई बारह बजे से। पर ड्यूटी ग्यारह बजे से खड़ी होनी है।'

'तब तो नहाने-धोने का वक्त है...।'

'जी हां...।'

'कोई खास हिदायत...?'

'अब आप को क्या हिदायत दी जायेगी। बस हिदायत रजिस्टर को देख कर दस्तखत बना दें...।'

संग्राम सिंह बरबस मुस्करा दिये हैं। वह जानते हैं कि अब बिना लिखित निर्देशों के कोई ड्यूटी सुपुर्द ही नहीं की जाती।

वह हिदायत रजिस्टर पढ़ने लगे।

'कस्बे में राम बारात के जुलूस के बंदोबस्त में मामूर मुलाजमान नोट करें कि कस्बे का फिरकावाराना माहौल काफी अरसे से बड़ा नाजुक है और फिरकापरस्त लोग किसी भी वक्त अमन चैन को खत्म कर सकते हैं। इसलिए पूरी चौकसी बरतने की ताकीद की जाती है। मुतास्सिर इलाकों मसलन मोहल्ले युनुसपुरा, नालापार, कैतवाली मस्जिद और लंगरखाने में खास निगरानी रखी जाये। शरारती अनासिर पर कड़ी नज़र रखी जाये। खास तौर पर उन लोगों पर जिनसे नुक्से अमन का पूरा इमकान है। इनकी किसी भी बेजा हरकत को बर्दाश्त नहीं किया जायेगा। गड़बड़ी करने वालों के खिलाफ सख्त कार्रवाई अमल में लाई जाये। सभी मुलाजमान अपनी ड्यटी के लिए पूरी तरह जिम्मेदार होंगे। फर्ज बाहिकमतअमली अंजाम हो।'

संग्राम सिंह के चेहरे पर मुस्कराहट की हल्की सी छटा आई और दस्तखत बना कर उन्होंने हिदायत रजिस्टर श्रीराम के सामने बढ़ा दिया है। लापरवाही भरे अंदाज में उसने यों ही चिड़िया बिठा दी।

'अरे भाई, पढ़ तो लिया करो...।'

'क्या पढ़ना, दीवान जी। वैसे भी रात भर जागने के बाद ये अक्षर किसको दिखलाई देते हैं। उस पर वो ही घिसी-पिटी हिदायतें और आखिर में, वे क्या कहते

हैं, हिकमतअमली...। दीवान जी, कभी बतलाया नहीं आपने कि यह आखिर क्या बला है जो हर वक्त हर जगह अट जाती है...?'

'भाई...।' संग्राम सिंह उसके नादान सवाल पर हंस दिये हैं,' ये सब नये जमाने की बातें हैं। हमारे वक्त में कौन पढ़ता था ओर कौन इतना अकलमंद होता था। हम तो सिर्फ दो और दो चार जानते थे। या तो ठीक या फिर गलत। जो हुकुम जारी हुआ, उसे आंखें बंद करके अमल में लाते थे। अफसरान भी जो चाहते थे वही कहते थे और जो कहते थे, वही करवाते थे, उसी की तवक्को भी रखते थे। अब इसमें बड़ा फर्क नज़र आने लगा है। पहले इतना बारीक समझने की अकल किसको थी।'

'पर सुना है कि हिकमतअमली का पढ़ाई-लिखाई से कोई वास्ता नहीं है, न ही अक्ल से।'

'पता नहीं भाई। पर हम तो यह जानते हैं कि हिकमतअमली का मतलब यह नहीं होना चाहिए कि काम कायदे-कानून से नहीं हो, जुर्म से आंखें फेर ली जायें, गुंडों, मवालियों की ठुड्डियों में हाथ रख कर अमन चैन बनाया जाये। वैसे गाली बको, रजिस्टर नं0-8 में उनके खिलाफ इंद्राज करो और सामने आने पर कुर्सी छोड़ कर जयहिंद...। भइया, हमारे टाइम में यह सब कहां सिखलाया जाता था। हमने तो बदमाश को सिर्फ बदमाश जाना और उसके साथ कुत्ते जैसा सुलूक किया। फिर बदमाश की न तो कोई पार्टी देखी, न कौम और न ही धर्म....,और न इन वजूहात से उनके साथ कोई मुरव्वत ही की। शायद हम लोगों में हिकमतअमली की यही कमी हो...।'

हालांकि संग्राम सिंह से यह बात बड़ी गम्भीरता ही नहीं,एक मर्मान्तक पीड़ा के साथ कही है किंतु जब महेन्द्र और श्रीराम दोनों ठठा कर हंसे तो वह भी मुस्करा दिये और बाहर चल दिये हैं।

तहसील परिसर में स्थित इस थाने के मुख्य भवन पर 1932 लिखा है। पुराने भवनों में कार्यालय भवन, थानाध्यक्ष, प्रधान लेखक के आवासीय भवन और एक बैरिक बनी हुई है जिनकी छतें मेहराबदार हैं। बरसात में कुछ स्थानों से टपकती हैं पर उतनी नहीं जितनी पिछले पांच सालों में बने नये भवन जिनमें थानाध्यक्ष कार्यालय,आरक्षियों के कुछ क्वार्टर और एक बैरिक व शौचालय शामिल हैं...। संग्राम सिंह तो क्या, और कर्मचारी भी पुरानी बैरिक में रहना पसंद करते हैं क्योंकि उनका कहना है कि वह टपकती जरूर है, कम से कम उसके गिरने का तो डर नहीं है। अभी पिछली बरसात में एक नए क्वार्टर की छत ढह चुकी है। थाने के बीच में कटहल का एक बड़ा पेड़ है जिसके कटहल थाने के सभी कर्मचारियों को पहले बंटा करते थे लेकिन अब पिछले कुछ सालों से थानेदारों ने उन्हें बेचकर पैसा कमाना शुरू कर दिया है, या कुछ फल विधायक, चेयरमैन अथवा पत्रकारों के घर पहुंचाए जाते हैं।

· थानाध्यक्ष के कार्यालय के सामने से वह गुजरे तो वहां चहल-पहल और हंसी-ठहाके के स्वर उठते सुनाई दिये हैं। खिड़की से लाला धर्मकान्त सर्राफ, मास्टर नौरंगी लाल, जहूर मियां और कमर अहमद के चेहरे दिखलाई दिये। वह जानते हैं कि राम बारात को सकुशल सम्पन्न कराने के लिए यह कथित शान्ति समिति की बैठक चल रही है। उनका अन्तर्तम वितृष्णा से भर गया है। इन सभी का इतिहास फिरकरपरस्ती से पूरी तरह सराबोर रहा है और पिछले दसेक सालों में कस्बे में हुए तीन दंगों में मुख्य भूमिका इन्हीं लोगों की रही है। यह सिर्फ संग्राम सिंह नहीं कहते हैं, न केवल थाने का रिकार्ड ही इसका दस्तावेजी गवाह है बल्कि पूरा कस्बा और पूरा जिला इनसे और इनकी करतूतों से बखूबी वाकिफ रहा है। 'सरपसन्द अनासिर' की सूची में इन चारों के नाम हैं। इनमें तीन की हिस्ट्रीशीट भी खुली है- निगरानी की जरूरत ही कहां पड़ती है। तकरीबन रोज ही इनकी मौजूदगी थाने पर होती है और इसके साथ ही पूरी आवभगत भी...। संतरी इन्हें सलाम न बजाये तो थाने की खराब कार्यप्रणाली की शिकायत आला हुक्मरानों और अफसरों तक हो जाती है। सभी थानेदारों का यही कोशिश रहती है कि इन्हें खुश और अपना बनाकर रखें। संग्राम सिंह को ऐसा लगता है कि थानाध्यक्ष की कार्य कुशलता और सफलता का इकलौता मापदण्ड इन चार महानुभावों का सन्तोष और प्रसन्नता है। ये खुश तो थाने का काम काज अच्छा और ये असंतुप्ट तो थाने पर न अपराध काबू में और न ही क्षेत्र में अमन चैन...। इनको हमवार करने के बाद चाहे अपराध बढ़ें या शिकायतों की बाढ़ आ जाए, थानेदार अपनी कुर्सी पर पुख्ता व सुरक्षित महसूस करता है । एक थानेदार ने इनमें से केवल जहूर मियां से बिगाड़ की थी तो चारों ही उसके खिलाफ लामबंद हो गये। हालांकि जाहिरा तौर पर वे भिन्न धर्मों व सम्प्रदायों का प्रतिनिधित्व करते थे और शायद ही किसी मुद्दे पर उनकी सहमति थी पर इस मामले में उनमें मतैक्य था । क्यों, संग्राम सिंह उस समय नहीं समझ सके। पर बाद में किसी ने उन्हें समझाया था, कि आज जहूर मियां तो कल...?

सरकारी अफसर और वह भी थानेदार का 'मनबढ़' होना प्रजातन्त्र के लिए बड़ा खतरा है और इज्जतदार लोगों की आबरू को गम्भीर चुनौती...।

जल्दी ही थानेदार का पत्ता साफ हो गया था।

'हिकमतअमली...,' संग्राम सिंह मन ही मन बुदबुदाये और बैरक में आकर तख्त पर लेट गये हैं।

कस्बे का सबसे बड़ा और प्रशासनिक दृष्टि से अत्यंत महत्वपूर्ण उत्सव माना जाता है यह जुलूस। कस्बे की मिली-जुली आबादी के मद्देनजर इसका महत्व और अधिक है। बंदोबस्त में जरा सी चूक या लापरवाही कस्बे की कानून व्यवस्था को गंभीर चुनौती बनकर उसे न केवल ध्वस्त कर सकती है बल्कि जिला प्रशासन और

राज्य सरकार के लिये एक बड़ा सिरदर्द बन सकती है। पुलिस और प्रशासन के वरिष्ठ अधिकारी दो दिनों से केम्प करके अपनी व्यक्तिगत निगरानी में सारा बंदोबस्त कराते हैं। कस्बा ही नहीं, आस पास का विशाल जनसमूह इस देखने के लिये उमड़ पड़ता है। बाजार, गलियां, मुहल्ले, छत-छज्जे आदमी, औरतों और बच्चों से पटे रहते हैं।

इस जुलूस का इतिहास जहां एक और अत्यंत गौरवशाली और अनुकरणीय रहा है वहीं दूसरी ओर खासा कलंकित भी। यह जुलूस हिन्दु-मुस्लमान सम्प्रदायों के आपसी सामन्जस्य और सद्भाव की अदभुत और अद्वितीय मिसाल रहा है। राम बारात के इस जुलूस में मुसलमानों द्वारा हिस्सेदारी केवल सतही और दिखावटी न होकर पारम्परिक रूप से संवेदनात्मक स्तर पर जुड़ी हुई थी। रास्ते में पड़ने वाली लंगरखाने की मस्जिद में राम-सीता का स्वागत वर्षों से किया जाता रहा है। यह परम्परा क्यों और कैसे पड़ी, इसकी सही जानकारी किसी को नहीं है। तरह-तरह की बातें सुनने में आती हैं जिनमें सर्वाधिक प्रचलित और मान्य यह है कि एक बार भीषण सूखा पड़ने पर मस्जिद में कई दिनों तक लगातार इबादत की गयी। किन्तु जिस समय राम बारात का जुलूस मस्जिद के सामने से गुजर रहा था तभी अचानक तेज बरसात आरम्भ हो गयी। चारों ओर हर्ष की लहर दौड़ गई। मस्जिद के पेशे इमाम ने तब बाहर आकर राम और सीता का स्वागत किया था। बहरहाल स्वागत की यह परम्परा सालों चली। मस्जिद के मुख्य द्वार पर पेशे इमाम राम और सीता को गुलदस्ता, शाल और साड़ी देकर स्वागत करते।

लगभग दस साल पहले जहूर मियां ने इस पर आपत्ति की। उनकी आपत्ति जुलूस के मस्जिद में प्रवेश को लेकर थी। उनका मानना था कि इससे मस्जिद नापाक हो जाती है। काफिरों का मस्जिद के पाक प्रांगण में प्रवेश निहायत गलत और इस्लाम के विरुद्ध है। एक बार जब बात उठ ही गई तो अधिकांश मुसलमानों का इसे समर्थन मिलना ही था। मस्जिद की प्रबंध समिति से एक प्रस्ताव पास कर एस0डी0एम0 को भेज दिया गया। दूसरे पक्ष से नौरंगी लाल ने भी इस प्रतिष्ठा का प्रश्न बना लिया और जाहिर था कि उनके साथ भी एक विशाल हिंदू समुदाय था। महत्वपूर्ण यह नहीं था कि मस्जिद के द्वार तक जुलूस के जाने या इमाम साहब के स्वागत-सत्कार से राम बारात या हिंदु धर्म को गरिमा मिलती है याकि उसकी प्रतिष्ठा बढ़ती है। सच तो यह है कि खुद नौरंगी लाल और उन जैसे अनेक कट्टरपंथी हिन्दू शुरू से ही इस परम्परा के विरोधी रहे थे और इसे रोकने के लिये प्रयासरत भी। लेकिन अब स्थिति दूसरी थी। पारम्परिक मार्ग छोड़ना पूरे हिन्दू समाज की हार थी। शायद उससे भी अधिक उनकी व्यक्तिगत पराजय...। इन्हीं छोटे मुद्दों से जहूर मियां व नौरंगी लाल जैसे साम्प्रदायिक नेताओं की प्रतिष्ठा घटती-बढ़ती है।

दोनों ओर से भावनाओं का ज्वार कस्बे पर चढ़ने लगा। जुलूस के कई दिनों पूर्व से माहौल खराब होने लगा। गुपचुप बैठकें होती और उनमें उत्तेजक वक्तव्य दिये जाते। रोज रात को 'हर हर महादेव' और 'अल्लाहो अकबर' का आर्तनाद कस्बे को हिला डालता।

जैसे जैसे जुलूस का दिन निकट आया, कस्बे के अनेक अमन पसंद लोग वहां से पलायन कर गये। कुछ लोगों ने अपने बच्चों को वहां से बाहर भेज दिया। शाम होते-होते कस्बे में एक मुर्दानगी छाने लगती। लोगों के चेहरों पर तनाव देखा जा सकता था। आपसी विश्वास को भीषण क्षति पहुंच गयी थी। नौबत यहां तक आ गयी कि दूसरे सम्प्रदाय के दुकानदार से खरीदारी तक बंद हो गयी...। हिन्दू सवारियां मुसलमान रिक्शेवालों के साथ सफर करने से कतराने लगीं। स्कूल के बच्चों तक में दरारें नज़र आने लगी थीं। अल्पसंख्यक मुस्लिम बच्चों के साथ कोई खेलने के लिए तैयार नहीं होता। बेचारे एक तरफ खड़े होकर खेल रहे बच्चों का उत्साह, उल्लास व उमंग देखकर ही संतोष कर लेते।

कस्बा धीरे-धीरे छावनी में तब्दील हो रहा था। रोज पी0ए0सी0 के ट्रक कस्बे में आते दिखलाई देते। स्कूल के मैदानों, आम खाली स्थलों पर पी0ए0सी0 के कैम्प का शहर बस गया था। हर जगह गश्त नजर आती। चौराहों पर पुलिस वालों के झुंड बैंचों पर बैठे मूंगफली टूंगते रहते या सुरती की पिनक में डूबे रहते।

हर हर महादेव, जय श्रीराम, सीता मैया की जय के गगनभेदी उद्घोष के साथ जुलूस चल दिया। माथे पर लम्बे गेरुये टीके, पीले या झक्क सफेद मलमली कुर्ते और चेहरे पर उग्र रौद्र रूप..। उनकी चाल में अजब मस्तानापन था मानो चारों ओर कहीं कुछ असामान्य न हो..., जैसे यह धरती, यह नभ, यह समूचा ब्रह्मांड उनके स्वामित्व में हो।

जैसे जैसे लंगरखाने की मस्जिद निकट आई, जुलूस में उत्तेजना बढ़ती गई। एकाएक जहूर मियां और मुसलमानों के विरोध में नारे लगने लगे। जुलूस में चल रहे बैंड की ध्वनियां इन नारों के आर्तनाद में गुम हो गयीं। अचानक एक पत्थर जुलूस के बीच में आकर गिरा- कहां से, किसी को पता नहीं...। भगदड़ मच गयी और दंगा छिड़ गया। चारों ओर मारकाट, लूटमार और आगजनी की जम कर वारदातें हुईं। अश्रुगैस, लाठीचार्ज से बढ़ कर नौबत फायरिंग तक आ गयी। एक ठेलेवाला और एक बच्चा मारा गया। जहूर मियां और कई लोग मौके पर गिरफ्तार किये गये। गिरफ्तारियों का लेखा जोखा बनाया गया जिससे दोनों सम्प्रदायों की गिरफ्तारियों की संख्या बराबर हो। जहूर मियां की गिरफ्तारी होते ही जनपद के कई मुसलमान नेता शाम तक वहां जुट गए। पुलिस पर दवाब बनाया गया और मास्टर नौरंगी लाल

को भी थाने पर बुला लिया गया। शाम तक दोनों को जमानत पर रिहा कर दिया गया।

कफ्र्यू लगा दिया गया। हिंसा और लूट का ताण्डव पूरे चार दिन चला। प्रशासन की नींद हराम हो गई। पूरा कस्बा खाकी वर्दी की दहशत, लाठी डंडों की धमक और बूटों की ठनक की गिरफ्त में आ गया। समझौते की तमाम कोशिशें असफल होती दिखाई देतीं। आला अफसर से लेकर बड़े नेताओं का जमघट लगने लगा। मुसलमान पक्ष जुलूस को मस्जिद तक आने पर आपत्ति कर रहे थे और हिन्दू वर्ग इसे जुलूस का पारम्परिक मार्ग होने के कारण छोड़ने को तैयार नहीं थे। आखिरकार राजीनामा इस बात पर हुआ कि जुलूस मस्जिद की आधी सीढ़ियां चढ़ कर लौट आयेगा। प्रशासन ने दोनों पक्षों का मान-सम्मान बरकरार रखा। फैसले का खूब स्वागत हुआ, सभी ने स्थानीय अधिकारियों की सूझबूझ व प्राासनिक योग्यता की जम कर प्रांसा की। उनके सम्मान में समारोह हुये।

सम्मान और भेंट का कार्यक्रम दो वर्षों तक स्थगित रहा। फिर जहूर मियां और मास्टर नौरंगी लाल ने साम्प्रदायिक सद्भाव और एकता का नमूना पेश करने के मकसद से इसे फिर शुरू करवा दिया। हालांकि अब यह निहायत सरसरे और औपचारिक अंदाज में किया जाने लगा।

इस घटना के बाद जुहूर मियां और मास्टर नौरंगी लाल का कद प्रशासन की नजरों में काफी बढ़ गया था।

जुलूस बारह बजे के स्थान पर लगभग दो बजे शुरू हुआ है। अलबत्ता संग्राम सिंह ग्यारह बजे से ही बावर्दी दुरुस्त वहां मौजूद हैं। उनके साथ चार आरक्षी और पीएसी की एक टुकड़ी भी लगी है। पीएसी की टुकड़ी पहुंच गयी है पर चारों आरक्षियों का कोई पता नहीं है। उनमें से एक कुछ ही देर पहले अपनी शक्ल दिखा कर गायब हो गया है। संग्राम सिह जानते हैं कि चारों जुलूस के शुरु हाने पर कहीं अदृश्य से वहां प्रकट हो जायेंगे, 'दीवान जी जैहिन्द' कहते हुये मरगिल्ला सा सलाम बजायेंगे ओर फिर मुसकराते हुये चारों तरफ का जायजा लेंगे। दरअसल ये नये सिपाही एक - दो घंटा पहले ड्यूटी पर खड़े होने में यकीन ही नहीं करते। इसे टाइम की 'बरबादी' मानते हैं। कभी मजबूरी या सख्ती के कारण उन्हें ऐसा करना पड़े तो आपस में हिस्सा बांट कर काम चला लेते हैं।

बीन, शहनाईयों , बाजों-गाजों, नगाड़ों, धमाकों और जयश्रीराम के उद्घोष के साथ जुलूस शुरु हुआ है। आगे आगे मास्टर नौरंगी लाल, धर्मकांत सर्राफ व कस्बे के अन्य सम्मानित हिन्दू अपने सफेद मलमली कुर्ते पर साटन का लाल फूल लगाये चल रहे हैं। उनके माथे पर लम्बे टीके हैं। गले में फूलों की मालायें हैं और कुछ के हाथों में डंडा जो इंतजामिया का बोध कराता है। उनके चेहरे पर गर्व और

स्वाभिमान दिपदिप कर रहा है। अपने हाथ उठा कर वे लोगों का अभिवादन स्वीकार कर रहे हैं। तरह तरह के निर्देश भी दे रहे हैं। उनके पीछे है नवयुवकों की लम्बी टोली जिनका उत्साह देखते ही बनता है। भले ही इनमें से कईयों के नाम दंगाइयों की सूची में हैं, संग्राम सिंह जानते हैं कि जुलूस का सकुशल सम्पन्न कराने में इन्हीं की भूमिका है।

जुलूस में तरह तरह के बैंड हैं- ब्रास बैंड, पाइप बैंड...। सारंगी और शहनाई बजाने वाले हैं। एक के पीछे एक भव्य झांकियां हैं ...। चारों तरफ शोर-शराबा है। जुलूस कब और क्यों चलता और क्यों थम जाता है, पता ही नहीं चलता। आगे-पीछे सीटियों की तेज आवाज अवश्य आ रही है। संग्राम सिंह को लगता है कि उनकी भूमिका भी तो दर्शक से अधिक कुछ नहीं है। बंदोबस्त का जिम्मा जुलूस के संचालकों के हाथों में ही दिखलाई देता है। इसीलिए साथ के सिपाही जुलूस से कहीं ज्यादा, छतों से झांक रही लड़कियों की निगरानी कर रहे हैं।

लंगरखाने की मस्जिद की सीढ़ियों के बीच में जहूर मियां व कुछ अन्य लोग स्वागत के लिये खड़े हैं। साथ में हैं थानाध्यक्ष। उनकी ड्यूटी ही यही है। यहां पानी और शर्बत का प्रबंध किया गया है जो जाहिरा तौर पर मुसलमानों की ओर से है पर वास्तव में उसका सारा खर्चा पुलिस ही उठाती है। स्वागत, सत्कार, भेंट आदि का सारा प्रबंध भी प्रशासन की ओर से किया जाता है। प्रशासन की सफलता इसी में है कि सब कुछ सकुशल व शांतिपूर्ण ढंग से निपट जाये और कस्बे के साम्प्रदायिक सद्भाव को बनाये रखने का श्रेय प्रशासन को मिल सके।

ड्यूटी खत्म करके संग्राम सिंह लौटे तो थकान महसूस करने लगे हैं। अपनी थकान पर वह मन ही मन खीझते हैं। उम्र के बढ़ने के साथ हुई थकान को वह झुठलाने का प्रयास भी करते हैं। सहकर्मी तो यह समझते हैं कि संग्राम सिंह कभी थकते ही नहीं और वह भी न केवल इस भ्रम को बनाये रखते हैं बल्कि खुद भी इस अहसास से बचने का भरपूर प्रयास करते हैं...।

हाथ-मुंह धोकर उन्होंने स्टोव पर खिचड़ी चढ़ा दी है। वैसे कोई खास भूख उन्हें नहीं है। जुलूस में खाना पीना चलता रहता है-चाय, समोसा, बर्फी, पान, तम्बाकू। लेकिन वह नियमित खाना खाने में यकीन करते हैं। थाने में भोजनालय है, खाने का स्तर भी ठीक-ठाक है और खर्च भी मुनासिब...। पर संग्राम सिंह सालों साल अपने हाथ से खाना बनाते आये हैं। नौकरी की शुरुआत से ही यह आदत डाल ली थी। वैसे भी पहले थानों में भोजनालय कहां थे। हर कोई खुद ही पकाता-खाता था। संग्राम सिंह उसी आदत से मजबूर हैं। अब खाना बनाना भी उन्हें ड्यूटी का ही अंग लगता है...।

लगभग दस फीट चौड़ी और पचीस फीट लम्बी इस बैरिक में आठ-नौ तख्त पड़े हैं। उनके पीछे खड़ी हैं कुछ सायकिलें और नीचे टीन के बड़े बक्से। सायकिलें

निजी हैं और बक्से सरकारी जो रंगरूटी में वर्दी के साथ मिलते हैं। उन पर नम्बर पड़े हैं। सभी चीजें चैन से बंधी हैं क्योंकि बैरक से चोरी की घटनायें दिनों-दिन बढ़ रही हैं। बीच में मोटे तार की अलगनी टंगी है। बैरिक में दो पंखे लटके हैं हालांकि चलता एक ही है। एक लट्टू भी उदास सा टंगा है जो वहां पीला प्रकाश फैला रहा है। इस मरियल रोशनी में आदमियों को पहचानने के साथ-साथ वहां उड़ते मोटे मच्छर भी देखे जा सकते हैं। फर्श पर जगह-जगह कागज और बीड़ी के टुकड़े पड़े हैं।

बैरिक के एक कोने में संग्राम सिंह का तख्त पड़ा है और उसके पास ही उनका छोटा सा मंदिर सजा है। आज बैरिक खाली है। वैसे भी दो-तीन से ज्यादा कर्मचारी यहां कभी दिखलाई नहीं पड़ते-चाहे दिन हो या रात...।

'दीवान जी, आपकी चिट्ठी...।'

'चिट्ठी। किसने दी...?' उन्होंने पीछे मुड़ कर देखा तो एक होमगार्ड उनकी ओर एक लिफाफा बढ़ा रहा है।

'मुंशी जी ने दी है। गांव से कोई लाया था।'

पत्र लेकर टीन के अपने बक्से में से टार्च निकाल कर उसकी रोशनी में उन्होंने पढ़ना शुरू किया है।

आदरणीय पिता जी,

सादर चरण स्पर्श।

आगे समाचार यह है कि तुम काफी दिनों से घर नहीं आये। अम्मा की तबीयत फिर खराब चल रही है। बार-बार सांस उखड़ती है। प्राईमरी के डाक्टर को दिखलाया था। कहता है कि फिर शहर में जाकर खून, टट्टी-पेशाब के टेस्ट कराकर किसी बड़े डाक्टर को दिखाओ। सो तुम दो-चार दिन की छुट्टी लेकर आओ तभी अम्मा के इलाज का हिसाब बने। रामकिसन चाचा फिर रोज-रोज पानी की आमद बंद कर देते हैं। परसों मजदूरों के साथ भी मारपीट की। थाने गया था पर थानेदार ने एक न सुनी। उल्टे मुझे पर ही गरम होने लगा। बोला बाप पुलिस में है तो ऐंठ में मत रहना। अगली बार झगड़ा हुआ तो उठाकर बन्द कर दूंगा। हलके सिपाही से भी बात की थी तो कहने लगा - कुछ खर्चा पानी करो तभी बात बनेगी। खेती का घना नुकसान हो रहा है। तुम आओ तो शायद काम बने। अम्मा कहती है कि छोटे का भी कुछ सोचो। दिन भर आवारा-गर्दी करता रहता है। किसी दिन कुछ ऊंच-नीच न कर बैठे...।

आपका बचवा

सुरेश

पढ़ कर एक लम्बी सांस ली है उन्होंने...। एक झुरझुरी उनके शरीर में दौड़

गयी है। पिछले दो वर्षों से पत्नी अस्वस्थ रहने लगी है। पिछले साल तीन दिन का अवकाश लेकर शहर में उसका इलाज भी कराया था। बच्चों के विवाह को छोड़कर संग्राम सिंह ने पहली बार इस तरह छुट्टी ली थी। डाक्टर ने एक महीने बाद फिर आने को कहा था। लेकिन तभी चुनाव घोषित हो जाने के कारण छुट्टी मिलना तो दूर थाने से कहीं आने-जाने की इजाजत भी मिलना बंद हो गई। मुमकिन भी कहां था। रोज जुलूस, चुनाव मीटिंग, वीआईपी ड्यूटी,बन्दोबस्त...। तीसरे महीने ही डाक्टर के पास जा पाये थे। नतीजा यह निकला कि डाक्टर तो बिगड़ा ही, इलाज भी नये सिरे से कराना पड़ा।

किन्तु संग्राम सिंह पत्नी की बीमारी की खबर से कोई खास परेशान नहीं है। वह जानते हैं कि जिन्दगी में बीमारी हारी लगी रहती है और उम्र बढ़ने के साथ शरीर कष्ट देता ही है। पर पिछले दो सालों से खेत में पानी की जो समस्या पड़ोसी रामकिसन ने खड़ी की है, उसे लेकर वह मन ही मन बड़े त्रस्त अनुभव करते हैं।

रामकिसन ने जब सरकारी कुलाबे का पानी उनके खेत पर आने से रोक दिया तो पहले वह चौंके थे। सहसा विश्वास ही नहीं कर सके। गांव में अभी उनका इतना सम्मान जरूर था कि कोई उनके व्यक्तिगत मामलों में हस्तक्षेप करने का साहस नहीं करता। सब मानते थे कि पूरा पुलिस महकमा उनके पीछे खड़ा है। संग्राम सिंह ने पहले उसे समझाया-बुझाया लेकिन उसके तो तेवर ही बदले हुए थे। लड़ने-झगड़ने पर आमादा हो गया। संग्राम सिंह उसका साहस देख कर दंग थे।

'भाई, हमारे खेत में पानी तो तेरे खेत से होकर ही आता रहा है और बरसों से यह चला आ रहा है...।'

'चाचा, अपना पानी अलग से लो। मैं अपने खेत से पानी नहीं निकलने दूंगा।' बड़े बेअदब अंदाज में कहा उसने।

'मैं समझा नहीं। आखिर इस साल कोई नई बात हो गई क्या...?' संग्राम सिंह अभी भी अपने कानों पर विश्वास नहीं कर पा रहे थे।

'नई कुछ भी नहीं, पर आखिर कब तक आपकी वर्दी से डरते रहेंगे हम...।'

'वर्दी से डरने की बात कहां से आ गई। मैंने तो कभी ऐसा कुछ किया नहीं...।' अपनी पीड़ा और आक्रोश को नियंत्रि करते हुए वह बोले।

'मुझे आपसे बहस नहीं करनी। मैं अपने खेत से पानी नहीं निकलने दूंगा...।' उसके स्वर में चुनौती व उद्दण्डता उतर आई।

'और कोई यह बात कहता तो हाथ पैर तोड़ देता। पर गांव का मामला है...।' क्रोध से तिलमिला उठे वह।

'चाचा, जबान सम्हाल कर रक्खो...। जो करना हो कर लेना...।' रामकिसन ने भी आंखे तरेरते हुए कहा।

अपमान व आक्रोश के दंश से उनका अन्तर्तम छटपटा उठा। मन में आया रामकिसन को वहां से घसीटते हुए गांव तक ले जायें और इस चुनौती का मुंहतोड़ उत्तर दें। पर गांव व परिवार के संस्कार व मर्यादा उन्हें रोक गए।

संग्राम सिंह सीधे थाने चले आये। कानून को अपने हाथ में न लेकर स्थानीय पुलिस की मदद लेना बेहतर समझा उन्होंने। पूरे गांव में इसका हल्ला मच गया। रामकिसन का अनिष्ट नजर आने लगा सबको।

अपने गांव के थाने में वह कई वर्ष पूर्व आये थे। नौकरी के लिये सत्यापन के लिये जब उन्हें थाने बुलाया गया था तो मन में बड़ा भय और संकोच था। जेब में पांच रुपये भी डाल कर ले गये थे क्योंकि सुना था कि सत्यापन की फीस वसूली जाती है। पर उस उम्रदराज दरोगा ने उन्हें अपने घर से रोटी तक मंगा कर खिलाई। तब से अपने गांव के थाने के प्रति उनके मन में बड़ा सम्मान था। जब भी उसके सामने से निकलते तो श्रृद्धा से शीष झुक जाता।

दरोगा थाने पर मौजूद नहीं था। हैड मोहर्रिर ने 'दरोगाजी से मिलो' कहकर अपना पल्ला झाड़ लिया और उनकी ओर से पूरी तरह असम्पृक्त रहकर अपने काम काज में डूबा रहा।

लगभग तीन घंटे बाद उनकी थानेदार से भेंट हो सकी।

'दीवानी मामला है, पुलिस इसमें क्या कर सकती है ?' थानेदार का दो टूक उत्तर सुनकर वह हतप्रभ रह गये।

'दरोगा जी, मैं क्या नहीं समझता यह, पर गांव के ये झगड़े-फसाद पुलिस ही तो सुलझाती है। फसल, पानी, मेढ़ के छोटे-मोटे मामलों का निपटान पुलिस न करे तो गांव में अमन-चैन रह ही नहीं सकता। अदालत से तो मामला और उलझ सकता है। फिर मैं कौन गलत काम के लिए आप से कह रहा हूं। सालों से पानी उसके खेत से आता रहा है। पानी बंद हो जायेगा तो मेरी तो खेती चौपट हो जायेगी।'

'पुलिस का इससे कोई लेना देना नहीं है। एक वक्त था जब पुलिस फुर्सत में थी। इस तरह के मुत्फर्रिक काम करती थी। पर आज तुम देखते ही होगे- ला एण्ड आर्डर, वीआईपी डयूटी, तमाम तरह के बन्दोबस्त सब कितने बढ़ गए हैं। वो करें या जमीन जायदाद के झगड़े सुलझायें...। फिर पहले जैसी बात भी कहां रही। हर मामले में तो अदालत का दखल हो गया है। इस तरह के झगड़े सुलझाओ और फिर अदालत को फेस करो। शिकायत हो जाये तो पूरी जवाबदेही कि दीवानी मामले में पुलिस ने दखल क्यों दिया। सजा मिलने तक की नौबत आ जाती है...।'

अब संग्राम सिंह हैरत में कम, दुखी अधिक थे।

'दरोगा जी, मेरी भी पैंतीस साल की नौकरी हो गई। रोजमर्रा पुलिस यही काम करती है। सारी जांचे इन्हीं मामलों की होती हैं...।'

'करती है दीवान जी, पर किन मामलों में...। हरिजन वगैरा की बात अलग है या फिर ऊपर से आदेश हो...।' वह अजीब ढंग से हंस दिया।

'यह तो वाजिब बात नहीं है। इसका मतलब थाने की पुलिस सही काम तो करेगी ही नहीं।'

'बेवजह की बहस से कोई फायदा नहीं है। यहां से आपकी कोई मदद नहीं हो पायेगी। यह दीवानी मामला है। आप अदालत से चारागोई करें। कोर्ट के आदेश का पालन करा दूंगा। और हां, बच्चों को समझा दीजिए, कोई झगड़ा फसाद न करें....।' उसने मुंह बिगाड़ कर कहा।

'झगड़ा मेरे बच्चे नहीं कर रहे दरोगा जी। झगड़ा तो वह रामकिसन कर रहा है।' रोष से भर उठे वह।

'देखिये दीवान जी, मुझसे बेकार की बहस मत कीजिये। आप मेरा वक्त जाया कर रहे हैं। अब आप जायें वरना अपने कप्तान साहब से आपके खिलाफ डीओ लिखवाकर भिजवा दूंगा। आपके खिलाफ जांच अलग बैठ जायेगी। फिर मत कहिये...।'

संग्राम सिंह क्रोध व अपमान से कांपने लगे। देर तक जलती नजरों से दरोगा को घूरते रहे। अपनी पूरी सेवा, सारा परिश्रम, समर्पण, अनुशासन छिन्न-भिन्न होता महसूस किया उन्होंने। थाने की जिन दीवारों के बीच जिन्दगी का एक लम्बा अर्सा कट रहा था, वे ही बेजार और अजनबी लगने लगीं...। सुन्न और ठण्डी...। कैसा महसूसता होगा आम आदमी इनके बीच...।

'यही सिला है महकमे में नौकरी का...।' उनकी आवाज रुंध गई और वह आगे कुछ न बोल कर वहां से चले आये।

उस पूरी रात वह सो नहीं सके। एक अज़ब सी छटपटाहट और बेचैनी उन्हें बुरी तरह अंदर तक सालती रही।

गांव में जो अपमान हुआ सो हुआ ही, अपने विभाग द्वारा अकेला छोड़ देने का अहसास उन्हें शूल की तरह चुभता रहा। जिस वर्दी और उसकी संगठित शक्ति पर वह नाज करते आये थे, आज सब तहस-नहस हो गया था। बड़ा असम्पृक्त, कमजोर और लाचार महसूस किया उन्होंने।

तब से लगातार रामकिसन और उनके परिवार के बीच तनाव बना हुआ है। एकाध अवसर पर बात बढ़ भी गई है। इसी गर्मियों में एक बार मारपीट भी हो गई। पुलिस उनके सबसे छोटे लड़के रमेश को थाने पकड़ कर ले गई थी। सुरेश भागा-भागा उनके पास आया था और वह थाने के एक दरोगा को साथ लेकर अपने गांव के थाने गये थे।

रमेश हवालात में बंद था। पुलिसिया पिटाई के दर्द से बुरी तरह कराह रहा

था। पैरों की पिंडलियों पर लाठी की मार से खून छलक आया था। आंखों में जमे आंसुओं की पर्त थी।

संग्राम सिंह ने देखा तो बुरी तरह फफक पड़े। खड़े- खड़े जमीन पर ढह से गए। साथ आए दरोगा ने उन्हें सम्हाला। तब तक थानेदार भी वहां आ गया था।

'दीवान जी, अपने लौंडे को सम्हालो। अपने साथ तुम्हारी नौकरी भी ले डूबेगा। अभी तो नुकसे अमन में बंद किया है, अगली बार सख्त धाराओं में अंदर जाएगा।'

...बमुश्किल रमेश को छुड़ा पाये थे वह, वो भी मुचलके पर...।

हालांकि इस मामले में रमेश का कोई दोष नहीं था पर संग्राम सिंह स्वयं उसे लेकर खासे परेशान रहते हैं। कभी यह अहसास भी उन्हें कचोटता है कि अपने बच्चों को कभी साथ नहीं रखा उन्होंने और न ही उन पर वाजिब ध्यान ही दे पाये। पहले थानों पर न तो मकान थे और न ही दूरदराज के थानों पर रहने की कोई वैकल्पिक व्यवस्था। सच तो यह है कि परिवार को साथ रखने की कोई परिपाटी ही नहीं थी। फिर गांव में खेती-बाड़ी, मां-बाप की देखभाल के लिए पत्नी और बच्चों को गांव में ही रखा जाता था। एकाध सिपाही जो परिवार साथ रखता, वह अपने साथियों के बीच उपहास का पात्र बनता। इतना ही नहीं, उसकी निष्ठा और कर्तव्यपरायणता को भी संदेह की दृष्टि से देखा जाता...।

उनकी दो लड़कियां है और संग्राम सिंह को संतोष है कि जैसे-तैसे दोनों के विवाह समय से हो गये और दोनों सुखी हैं। बड़ा दामाद लेखपाल है और छोटा पुलिस में आरक्षी....। पर अपने तीन लड़कों में से किसी को भी पुलिस में भर्ती न करा पाने की पीड़ा उन्हें अक्सर सालती है। उनकी साध रही कि कम से कम एक लड़का पुलिस सेवा में अवश्य आये। डील-डौल में तीनों ही ठीक हैं और शैक्षिक योग्यता भी कम नहीं। सबसे बड़े सुरेश ने जरूर हाईस्कूल तक अध्ययन किया, शेष दोनों महेश और रमेश ने तो इण्टर भी पास कर रखा है। किन्तु किसी को भी भर्ती कराने में वह सफल नहीं हुए। दंड-बैठक, दौड़-भाग, कूद सबका अभ्यास भी कराते। डिप्टी, कप्तान सबसे मिलते। आश्वासन भी मिलते पर कोरे...। सुरेश की बारी पर कहा गया कि अभी तो दो लड़के और हैं। उन्होंने भी सन्तोष कर लिया। सुरेश की पुलिस में कोई रूचि भी नहीं थी। पर महेश और फिर रमेश के लिए उन्होंने पूरे हाथ-पैर मारे, सारे जतन किये। रमेश के आखिरी अवसर पर वह कप्तान के सामने गिड़गिड़ाये ही नहीं, रोने भी लगे।

'सरकार, महकमे की सेवा की है, कम से कम एक लड़के को तो नौकरी दे दीजिये।'

'अब नौकरी देना मेरे हाथ में नहीं है। तुम्हें मालूम नहीं है कि बोर्ड बना हुआ है और बोर्ड के सभी सदस्य बाहर से आये हैं। किसी एक के हाथ में कुछ भी नहीं।'

कप्तान ने साफ-साफ कह दिया।

'पर हुजूर, हैं तो सब अपने ही अफसरानवाला...। आपकी कृपादृष्टि हो जाये तो बच्चा नौकरी पा जायेगा...।'

'मैं किसी से नहीं कह सकता। फिर आजकल जरा जरा सी बातों पर शिकायतें और दरख्वास्तें पड़ जाती हैं। न मालूम कितनी भर्ती की सी0आई0डी0, विजिलेंस जांचें चल रही हैं...।'

'सरकार, उसके सबब दूसरे हैं। मुझसे बेहतर जानते हैं आप। पर सरकार, महकमे के बच्चों का कुछ तो ध्यान रखा जाना चाहिए। और विभागों में उन्होंने अपने बच्चों के लिये सीटें रिजर्व कर ली हैं और वैसे भी अपने ही बच्चों को लेते हैं। पर अपने महकमे में...। फिर सरकार लड़के में कोई भी कमी हो तो बिलकुल न लें...।'

'हवलदार, कमी मैं थोड़े ही देखूंगा। पूरा बोर्ड परीक्षा लेता है। एक टेस्ट हो तब...। अब वह आपके वाला जमाना नहीं...।'

संग्राम सिंह को अपनी भर्ती याद आ गई थी। गांव के रामदीन पुलिस में थे, फिर जो लड़का उन्हें जम जाता या भर्ती होना चाहता तो नाप जोख कराकर भर्ती करा डालते। गांव क्या आस-पास के कम से कम दस लोगों को नौकरी दिलवा दी होगी। अपने तो दोनों लड़के पुलिस में ही आ गये थे। एक दिन संग्राम सिंह को रोक कर बोले थे, 'क्यो बे, वर्दी पहनने का शौक हो तो चलियो कल मेरे साथ। दिखता तो पट्ठा है...।'

पिताजी से पूछ कर संग्राम सिंह उनके साथ चले आये। जिले की पुलिस लाइन में एक कतार में कुछ अन्य नवयुवकों के साथ उन्हें भी खड़ा कर दिया गया। लाइन साहब आये...। सबको बारी-बारी ऊपर से नीचे तक देखा। कुछ के सीने ठोके, दो-चार की पीठ पर धौल भी जमाये और फिर उनमें से कुछ को बाहर निकाल लिया। फिर एक अन्य अधिकारी आये जिन्हें 'सी0ओ0 साब' कहकर पुकारा जा रहा था। उनकी नजर पड़ी नहीं कि हो गये भर्ती...। तीसरे दिन आने का हुकुम...। रंगरूट छाप बाल कटा कर वर्दी पहन कर तैयार..., नेकर, टीन के बटन लगी कमीज, साफा, हाथ में तेरह चूड़ी का डंडा और चिलचिलाती गर्मी में ऊनी मोजे व नौ अंखछिद्रों वाला काला बड़ा शू...।

रमेश की भर्ती में संगी साथियों ने उन्हें सलाह दी थी कि कुछ रुपये का इंतजाम कर लें और वह इसके लिए तैयार भी थे लेकिन दें तो किसे...। पुलिस का हेड कांस्टेबिल जानकर कोई उनसे पैसा लेने को तैयार नहीं होता। आखिर एक अधिकारी के सामने वह सीधे ही पहुंच गये और बीस हजार रुपये सामने रख दिये। बड़ी नाराजगी से उसने वे रुपये लौटा दिये और संग्राम सिंह को डांट डपटकर उनके

खिलाफ कार्रवाई करने भी धमकी दी। भर्ती अलग नहीं हुई। बाद में पता चला कि कईयों से उसने पचास हजार रुपये लिये थे और उनकी नाराजगी का कारण कम धनराशि ही था।

रामदीन थे तो सिपाही पर गांव में उनका रुतबा थानेदार क्या, छोटे मोटे जमींदार सा था । मजाल है कि गांव में उनके विरूद्ध एक शब्द भी कोई बोल दे। और अब...., संग्राम सिंह की ठेठ गंवई पत्नी भी इसे लेकर उन पर ताना मारने से नहीं चूकती, 'जिस वर्दी में रात दिन खटते हो, क्या दिया उसने तुम्हें...। एक छोरा तो नौकरी पर लगा नहीं और जब मदद की जरूरत पड़ी तब कोई मदद नहीं...। ऐसी नौकरी पर रात दिन मरने से कोई फायदा...।'

## - तीन -

थाने की सुबह कभी सामान्य नहीं होती - या तो एक अलसाई सी खुमारी उस पर देर तक हावी रहती है और या एक अजब सी हड़बड़ाहट और सक्रियता उसे सुबहो-सुबह हिला देती है। दूर दराज के ग्रामीण इलाके में हुये अपराध की सूचनायें थाने पर प्रातः आठ, नौ बजे तक ही आ पाती हैं। इसलिये थाने पर सूर्योदय के बाद के दो-तीन घंटे खासे तनाव में बीतते हैं, खास तौर पर अंधेरी रातों में। कई बार इन अंधेरी रातों की कालिमा पूरी सुबह को जैसे कलंकित कर जाती। संग्राम सिह को न जाने ऐसी कितनी सुबह याद हैं जब एक के बाद एक जुर्म की इत्तलाएं थाने को हिला कर रख देतीं। सब भागते दौड़ते नजर आते।

संग्राम सिंह जानते हैं कि थाने पर मुकदमा लिखाना कितनी बड़ी कवायद है, शायद एक उपलब्धि ही..।। हैड मोहर्रिर या मुंशी को पूरा किस्सा समझाओ, उनके तमाम सवालों का जवाब दो, फिर छोटे दरोगा या डे अफसर को तफसील बताओ और दो स्तरों को संतुष्ट करने के बाद थानेदार से मुलाकात...। उसकी अनुमति के बाद ही रपट दर्ज की जाती है। हैड मोहर्रिर की सफलता और कार्य कुशलता इसी में मानी जाती है कि शिकायतकर्ता थाने से संतुष्ट भी लौटे और उसका मुकदमा भी कायम न हो। इसके लिये तरह तरह के ढंग अपनाये जाते हैं - कभी वाक्चातुर्य, कभी घोर सहानुभूति, कभी 'अभी दिखवाते हैं' के कोरे आश्वासन तो कभी सादे कागज पर शिकायत लिखवा कर थाने पर सुरक्षित कर लेना भर...। गर कोई मुद्दई मुकदमा लिखाने पर आमादा ही हो तो सवालों की ऐसी झड़ी कि उसे लगे जैसे अपराधी उसके अंदर ही छिपा बैठा है याकि दरअसल अपराध उसने ही किया है।

पिछली रात की गण्त और दिन भर की जुलूस ड्यूटी के बाद बदन थकान से चूर था। देर रात तक उनकी आंखों सें नींद गायब थी। खाना खाकर वो लेटे तो सुरेश का पत्र उनकी नजरों में घूमने लगा। रह-रह कर पत्नी का चेहरा आंखों में कौंध रहा था। वह जानते हैं कि सुरो अकारण ही उन्हें पत्रे नहीं लिखेगा। पिछले कुछ सालों में कुछेक खत ही लिखे हैं उसने। कुछ तो आज भी उनके जहन में ताजा हैं। छटी या सातवीं में पढ़ता होगा सुरो जब पहला पत्र लिखा था उसने...'पिताजी, तुम हमारे साथ क्यूं नहीं रहते। सब बच्चों के अम्मा बाउजी साथ में रहते हैं...। मुझे आइसक्रीम खानी है, शहरवाली जो छोटे से डिब्बे में आती हैं।'

चाहकर भी वह अपने बेटे के लिए आइसक्रीम नहीं ले जा पाये थे। गांव में न फ्रिज था और न ही बर्फ का इंतजाम।

उसके बाद या तो खुद या मां के कहने पर वह पत्र लिखा करता था। कभी उसमें अकेलेपन का अहसास होता तो कभी घर परिवार की समस्यायें। अपने छोटे भाई की गिरफ्तारी पर लिखा था उसने,'गांव से घसीटते हुये ले गए हैं मुन्ना को। दरोगा जी चीख-चीख कर कह रहे थे पुलिसवाले का लौंडा है तो गुंडागर्दी करेगा। मुन्ना ने कुछ किया भी तो नहीं था। चाचा ने ही रोक कर धमकाया था उसे। तुम्हारे लिए भी अंट-शंट बोला था। तब उसने गाली जरूर बकी थी। हमने सोचा कि बात खत्म हो गयी कि कुछ ही देर में पुलिसवाले घर पर आ धमके और उसे घसीटते हुये ले गये। अम्मा दरोगा के पैरों में लिपट गयी थी पर उसने एक न सुनी, बोला अपने आदमी को बुला ले, उसे भी जेल भेजूंगा...।'

हवालात में बंद रमो का चेहरा याद आने पर वह व्याकुल अनुभव करने लगे। कई करवटों के बाद भी जब नींद पास नहीं फटकी तो वह उठकर बाहर आ गये। रोजमर्रा की तरह रात के इस दूसरे पहर में थाने पर लोगों की आवाजाही बनी हुयी थी। अनेक गतिविधियों में लिप्त तमाम लोग वहां आ-जा रहे थे-छुटभईया नेता, सट्टा चलाने वाला प्रहलाद, शराब का ठेकेदार, लाटरी का धंधा करने वाले जायसवाल और कुछेक पत्र्कार...। संग्राम सिह जानते हैं कि इन सब लोगों के दिन की इतिश्री थानेदार से भेंट के बाद ही होती है।

संग्राम सिंह को यह भी पता है कि इन लोगों के जाने के बाद मुखबिरों और दलालों से मिलने का वक्त होता है। इन तमाम लोगों को संग्राम सिंह 'थाने की तरफ मुढ़े पैरों वाला' कहकर संबोधित करते हैं।

कुछ देर इधर उधर टहलने के बाद संग्राम सिंह थाना कार्यालय में आकर बैठ गए। हैड मोहर्रिर और मुंी लिखने पढ़ने के काम में माशगूल थे। दिन भर दर्ज रपटों और इत्तिलाओं के आधार पर थाने के अभिलेखों में तकमीला कर रहे थे। अगले दिन के लिए जरूरी हिदायतें तैयार कर रहे थे ।

'उस्ताद कैसे?' महेंद्र मुंी ने उनसे पूछा।

'बस यूं ही, नींद नहीं आ रही थी। सोचा दफ्तर में चल कर तुम लोगों से बतियाउं। पर तुम लोग तो...।'

'क्या करें उस्ताद...' महेंद्र मुंशी ने बीच में ही टोक दिया,' दसियों तो रजिस्टर बन गये हैं। दर्जनों स्टेटमेंट रोज बनाये जाते हैं हालांकि जब किसी सूचना की जरूरत होती है तो मांगी यहीं से जाती है। देखो न, हरिजनों के ही सात रजिस्टर हैं, न जाने ससुरे कितने तरह के माफिया हैं-जमीन माफिया, राब माफिया, फिरौती करने वाले माफिया, सट्टा माफिया, नकल माफिया वगैरहा वगैरहा.., और इन सबका अलग अलग रिकार्ड...।'

फिलवक्त संग्राम सिंह की इस सबमें कोई दिलचस्पी नहीं थी। न ही वह ऐसी मनःस्थिति में थे कि महकमे के बारे में बात करें किन्तु...!

'और इस ससुरे कम्प्युटर ने और मुसीबत खड़ी कर दी है।' महेंद्र मुंशी जारी था,' अजीब-अजीब से फार्म हैं जिनमें तमाम तफसील हैं। हमारे अफसरों को शायद यह नहीं मालूम कि हिन्दुस्तान में देहात का आदमी थाने पर कैसे इत्तिला देता है। इत्ती तफसील उससे पूछोगे तो हमें पागल समझ कर भाग जायेगा...।' वह हंसने लगा तो संग्राम सिंह भी मुस्करा दिये।

'बेवजह काम बढ़ा दिया है अफसरों ने...।' संग्राम सिंह ने धीरे से कहा।

'और स्टेनरी के नाम पर सिफर...।'

संग्राम सिंह जानते हैं कि थाने के ऐसे तमाम खर्चे एक गुप्त फण्ड से चलते हैं।

...'इकजाई फण्ड'- इस अनूठे फण्ड की जानकारी संग्राम सिंह को नौकरी में आने के कुछ ही समय बाद हो गयी थी। थाने के रोजमर्रा के खर्चों पर कभी वो हैरान भी होते थे। शहर की एक कोतवाली में गर्मियों में रोज लगभग पचास ठण्डी बोतलें आती थीं, दिन भर में सौ-सवा सौ चाय, चार-पांच डिब्बी सिगरेट, बीस-पच्चीस पान, इतने ही पानमसाले या गुटके के पाउच और अगर किसी वरिष्ठ अधिकारी का आगमन हो गया तो काजू, बर्फी और बिस्कुट...। इसके अलावा स्टेशनरी, जिसमें कागज, कार्बन के अतिरिक्त रजिस्टर और फाइलकवर शामिल हैं, का खर्चा...। थाने पर इस सबके लिये कार्यालय स्टाफ और थानेदार द्वारा इसी इकजाई फण्ड में अंशदान दिया जाता है जिसका लेखा जोखा पूरी ईमानदारी के साथ रखा जाता है।

नेताओं, पत्रकारों, मुखबिरों और दलालों से मिलने के बाद ही थानेदार दिनभर में आई डाक को देख पाते हैं। तब तक आधीरात बीत जाती है। रात के तीसरे पहर तक शहर और कस्बे की गश्त पार्टियां क्वाटरों या बैरिकों में आकर थमने लगती हैं। हाईवे गश्त और दरोगाजी की चेकिंग भी निबट जाती हैं। बस उसके बाद थाना बड़ा वीरान और उदास दिखलाई देता है। बेंच पर बैठा संतरी उनींदी आंखों से सतर्क रहने का भ्रम बनाये रखता है। खास तौर पर नीले लट्टू घूमते बड़े अफसर की गाड़ी थाने में घुसते ही उछल कर चीखता है, 'थम्म, कौन आता है...?'

'दोस्त...।'

'चलो दोस्त, सब ठीक है...।'

यही उसकी अग्निपरीक्षा है, सजा अथवा इनाम का कारण भी।

उसका दूसरा कर्तव्य प्रत्येक घंटे पर वायरलैस से कुशलता देना है और उसके साथ ही घड़ियाल भी पीटना...। मिचमिचाई आंखों से वह कलाई में बंधी घड़ी देखकर

अलसाये कदमों से अंदर जाता है और वायरलैस का चोंगा पकड़कर चीखने लगता है, 'मास्टरजी, गामा सेवेन का एनटीआर नोट कर लेना...।'

'गामा सेवेन, अपने टर्न पर बोलना.., नाऊ गामा फोर फ्रॉम कमांड....।'

संतरी अपने कर्तव्य की इतिश्री समझ लेता है। वायरलैस वहीं पटक कर बेंच पर उंघने लगता है।

वायरलैस की आवाज कानों में पड़ती रहती है,

'नाऊ गामा सेवेन..., गामा सेवेन फ्रॉम कमांड, रिर्पोट सिग्नल..., गामा सेवेन बोलो भाई.., अभी तो बोला था...।'

कुछ देर बाद संग्राम सिंह बैरक में आकर लेट गये। कब उनकी आंख लगी, पता ही नहीं चला पर नींद अपने अभ्यस्त समय से ही खुली। वैसे भी पौ फटते ही फारिग होना जरूरी है।

शौच से निवृत होकर संग्राम सिंह लौटे तो थाना परिसर आदमी औरतों से खचाखच भरा हुआ है। थाने के बाहर खड़ी बैलगाड़ियों को देखकर ही उनके दिमाग में जैसे अशुभ और अनिष्ट का सायरन बजने लगा था। पेड़ के नीचे एक चारपाई पर दो लोग लहूलुहान पड़े हैं। उन्हें घेरे कुछ औरतें विलाप कर रही हैं। लोगों के चेहरे पर भय और आतंक की प्रतिच्छाया मंडरा रही है।

'क्या हुआ..?' उन्होंने एक से पूछा है।

'डकैती साब...।'

'कौन गांव...?'

'रमपुरा...।'

'रमपुरा..., कौन लोग हो...?'

'जाटव हैं सरकार...।'

'रमपुरा में किधर हैं तुम्हारे मकान...?'

'पश्चिम की ओर...।'

'रमपुरा तो परसों ही गश्त गयी थी। कई लोगों से बात भी की थी। किसी ने बतलाया तक नहीं कि गांव में बदमाशों की आमोदरफ्त है...। किसके यहां हुई वारदात...?'

'रमेसर के इहां हुजूर...।' पीछे बैठा एक आदमी बोला, 'बड़ा मारा पीटा है। बेचारे के डोकरा- डोकरी चरपईया पे मरियल से पड़े हैं...।'

संग्राम सिंह तेज कदमों से बैरक की ओर चल दिये हैं। वह जानते हैं कि उनका हलका होने के नाते न केवल उनकी पुकार होगी, उन्हें गांव में जाकर दो-चार दिन वहां रहना भी पड़ेगा। वरिष्ठ अधिकारियों के दौरे भी होंगे। अब कुछ दिन की भाग दौड़ तो हो ही गयी । रात सुरेश का पत्र पढ़ कर आज गांव जाने का मन बनाया

था। पर अब मुमकिन ही कहां है। संग्राम सिंह जानते हैं कि पुलिसिया जीवन में सरकारी काम-काज और निजी जिन्दगी दोनों ही अनिश्चितताओं से भरी हैं। संगीन अपराध की तफतीश में जाना हो तो अपराध की कोई नयी सनसनीपूर्ण घटना.., त्यौहार की मौजमस्ती के बीच दंगा फसाद, वाहवाही के तुरंत बाद हाय-हाय..., छुट्‌टी या इजाजत की रवानगी के ऐन वक्त पर अपराध या कानून व्यवस्था की नयी चुनौती...।

रह-रह कर सुरेश के शब्द उनके मस्तिष्क में बवंडर मचा रहे हैं। एक अजब सी लाचारी और बेचारगी का अहसास उन्हें अंदर ही अंदर जकड़ रहा है। जो मसले वो रात दिन निबटाते हैं, स्थानीय पुलिस की उसके प्रति उदासीनता उसे पेचीदा बनाकर उनके मन को बड़ा उद्विग्न बना गयी थी। वह जानते हैं कि इस मामले में थानेदार की एक मामूली सी झिड़क राम किसन को दुरुस्त करने के लिये काफी थी। पर कहां जायें, किससे कहें...। वह जानते हैं कि ऊपर शिकायत से कोई हल संभव नहीं है। शिकायत उसी के हाथों में होगी जिसके विरुद्ध की गयी है। तब उसका रुख ज्यादा टेड़ा होना लाजमी है। आखिर काम उसी को करना है। गांव में अफवाह थी कि रामकिसन ने थानेदार को मोटी रकम दी है। सोचकर ही उनका हृदय वितृष्णा से भर उठता है। अपनी खाकी वर्दी बड़ी बेजार और निष्ठुर प्रतीत होती है उन्हें। मन करता है कि महकमे को इसे सुपुर्द कर अपने परिवार में लौट जायें...। परिवार की सेवा कोई धर्म नहीं है क्या....!

बैरक में श्रीराम भी वर्दी पहन रहा है। संग्राम सिह को देखते ही कहने लगा, 'दीवान जी, देखा आपने। क्या फायदा है रात भर की गश्त और सुरागरसी का...। बदमाश जब चाहता है, वारदात हो ही जाती है। परसों ही गश्त की थी रमपुरा में...। क्या नतीजा निकला...?'

सुनकर संग्राम सिंह विचलित अनुभव करते हैं। निशब्द रह कर वर्दी चढ़ा रहे हैं। नए सिपाही अक्सर ऐसे प्रश्न पूछ डालते हैं। तब वह स्वयं रात-रात भर जाग कर गश्त की उपयोगिता पर पुनर्विचार के लिये विवश अनुभव करते हैं। किन्तु बहुत जल्दी ही इससे उबर भी जाते हैं । उनका विश्वास है कि पुलिस की सक्रियता बदमाशों के हौसले पस्त करती है। गश्त, निगरानी, सुरागरसी इन्हें ही जुर्म रोकने के कारगर ढंग स्वीकार करते हैं वह। हालांकि इधर कुछ सालों से उन्हें पुलिस की कार्यप्रणाली में बदलाव आता दीखता है। बदमाशों से मेल-जोल, दलालों का भरपूर प्रयोग, फर्जी गिरफ्तारियां, फर्जी बरामदगी और फर्जी मुठभेड़ें....। नौकरी के शुरुआती दौर में भी यह किसी न किसी सीमा तक था जरूर। पर अधिक्तर पुलिसवाले बदमाश को बदमाश मानते, उन पर अपना इकबाल हावी रखते और इसी खनक की बदौलत सब कुछ ठीक रहता। बाकी शराब खींचने वालों, फर्जी असलाह

बनाने वालों, सट्टा चलाने वालों से घालमेल तब भी था जो आज भी बदस्तूर जारी है। हां, इस सूची में कुछ नये तबके और शामिल हो गये हैं मसलन लाटरी वाले, विलायती शराब की तस्करी करने वाले, सीमेंट, बालू, रेत के ठेकेदार आदि...।

नौकरी के शुरुआत में एक थानेदार ऐसा भी मिला जिसने क्षेत्र में एक डकैती होने पर वहां के सभी हिस्ट्री शीटर्स को थाने के एक क्वाटर में कैद कर लिया और दहाड़ कर कहा, 'हरामियों, मेरे इलाके में डकैती...। तुम्हारे ही चेले चपाटे हैं ये सब...। बदमाशों को तीन दिन के अंदर हाजिर करो वरना एक-एक की...।'

पूरे थाना क्षेत्र में हड़कम्प मच गया। पकड़-धकड़ का ऐसा दौर चला कि हवालात क्या, कार्यालय तक में मुल्जिम को रखने की जगह नहीं बची। उन दिनों थाने पर आसानी से सिफारिश करने की हिम्मत ही किसकी होती थी। जो बंद, सो बंद...। रोज दो-चार की धुनाई हो जाती, एकाध को पेड़ से लटकाया जाता, दो-चार को हवाई जहाज बनाया जाता...। जनता, नेता, पत्रकार सब आते, देखते पर शिकायत करने का साहस नहीं कर पाते। शायद उन्हें यह जरूरी या अनुचित भी नहीं लगता। बदमाश की केवल एक ही श्रेणी थी तब-बदमाश...। उन पर राजनीति या समाजसेवा के कवच नहीं चढ़े थे ।

...तीसरे दिन सभी मुलजिम मय माल के थाने पर हाजिर थे।

...मजे की बात यह कि थानेदार ने थाने से बाहर कदम तक नहीं रखा ।

'चलिये उस्ताद, मौका-ए-वारदात पर जाना है...।'

जब तक वह वर्दी पहनते थानेदार का बुलावा आ गया है। वह जानते हैं कि अब दो -चार दिन बड़ी अफरा-तफरी में बीतेंगे। भाग-दौड़ बनी रहेगी, पकड़-धकड़ करनी होगी, मारपीट और तहकीकात होगी और वरिष्ठ अधिकारियों के दौरे होंगे। ये दौरे ही अपराध की गंभीरता का मापदण्ड है। समय के साथ इसमें भी अंतर आया है। पुराने वक्त में डकैती का मतलब डिप्टी का क्षेत्र में दो-तीन दिन का प्रवास...। घोड़े और खाने-पीने की तमाम व्यवस्था...। कई क्षेत्र ऐसे होते थे जहां दूर दूर तक न बाजार होता और न ही अन्य कोई सुविधा ..। कप्तान के दौरे में तब खासा इंतजाम करना पड़ता- दूध के लिये भैंस, अण्डे, गोश्त के लिये मुर्गे, बकरे...। क्षेत्र के प्रतिष्ठित नागरिकों से मेल मुलाकात करायी जाती, लाईसेंसदारान को उनके सम्मान में खड़ा किया जाता। ऐसे में थानेदार का सारा ध्यान अपराध पर न होकर अधिकारी की सेवा सुश्रुषा पर केन्द्रित रहता क्योंकि उसमें थोड़ी भी कोताई उसकी थानेदारी छिनने के लिये काफी थी।

संग्राम सिंह को एक घटना आज तक याद है। जिले के कप्तान सालाना निरीक्षण के लिये आये हुए थे। भीषण गर्मी थी, डाक बंगले में बिजली का नामो-निशान नहीं था। छत पर झूलने वाले पंखे लगाये गये। चौकीदारों की ड्युटी लगी और उन पर निगरानी करने के लिये संग्राम सिंह समेत दो सिपाहियों की

तैनाती...। रात ठीक बीती पर सुबह उठते ही कप्तान ने अखबार की मांग की हालांकि उसमें छपी खबरों का उनकी बौद्धिक या मानसिक जरूरत से कहीं ज्यादा उनकी शारीरिक जरूरत से सम्बंध था। अखबार की व्यवस्था की गयी थी पर एक तो कस्बे में ही अखबार आठ, नौ बजे तक आता था और उस दूरगामी स्थान पर पहुंचने में ग्यारह, बारह बजने ही थे। बस मौसम के साथ ही कप्तान का पारा भी चढ़ने लगा। जो सामने पड़ जाता, उसे ही बुरी तरह फटकार पड़ती...। बेडटी के बाद की क्रिया सम्पन्न न होने के कारण नाश्ते आदि का सवाल ही कहां था। सेवा टहल में लगे सभी कारिंदे परेशान, त्रस्त...। सामने न पड़ने के भय से थानेदार स्वयं वहां से गायब हो गया। सारे कार्यक्रम स्थगित...। मुआयने की सारी कवायद थम सी गयी। सबके चेहरों पर तनाव खिंच गया। सुबह छह बजे से वर्दी साफा बांधे कर्मचारी अलग परेशान होने लगे। लगभग साढ़े ग्यारह बजे जब थानेदार अखबार लेकर पहुंचा तो कप्तान का पारा फूट पड़ा।

'इतने बड़े नालायक हैं, मैंने सोचा भी न था। यह अखबार पढ़ने का वक्त है। पूरा दिन खराब कर दिया।'

'हुजूर,' कांपते स्वर में उसने कहा, 'मुआफी का तलबदार हूं । शहर दूर है इसलिये...।'

'शहर दूर है...,' कप्तान ने उसकी बात पूरी होने से पहले ही उसे ललकारा, 'मुझे बता रहे हो। मुझे जिले की पूरी जानकारी है। यही काबलियत है तुम्हारी...। आज से पच्चीस साल पहले जब मैं डिप्टी था तो कप्तान और डीआईजी के लिये बैलगाड़ियों में लाद कर बर्फ की सिल्लियां पहुंचाया करते थे जो तीन चौथाई पिघल जाती थीं...। और तुम अखबार नहीं ला सकते। क्या उम्मीद की जा सकती है तुमसे...?'

बाहर खड़े संग्राम सिंह मन ही मन मुस्करा रहे थे।

वरिष्ठ अधिकारियों के आगमन का समाचार सुन कर अक्सर यह घटना उन्हें याद आ जाती है।

जीप के स्टार्ट होने की आवाज आयी तो वह हड़बड़ा कर बाहर आये। थानेदार ने उन्हें पीछे बैठने का संकेत किया है। आगे वाली सीट पर वह और ग्राम प्रधान बैठे हैं और पीछे संग्राम सिंह सहित चार कर्मचारी और शिकायतकर्ता...। वे सभी जीप को धक्का लगाने की वजह से बुरी तरह हांफ रहे हैं। थाने के नाम पर एक नयी जीप आबंटित है पर वह कप्तान के बंगले पर बच्चों को स्कूल लाने-जाने का काम करती है। यहां पर यह धक्का परेड जीप दी गयी है जिसका पैट्रोल का साठ लीटर कोटा तय है जो पंद्रह दिन भी नहीं चलता है। तेल का बाकी खर्चा इकजाई फण्ड से होता है...।

'कितने बदमाश रहे होंगे..?' कुछ देर बाद थानेदार ने सवालों का क्रम जारी किया है।

'सरकार, ढेर सारे थे, घेर, आंगन, कुठरियों सममें अटे पड़े थे...।' रमेसर की आंखों में दहशत है ।

'अबे क्या फौज आई थी...।' थानेदार चिढ़ कर बोला है, 'या तेरे यहां कोई खत्ती गड़ी है...।'

'सरकार, कैसी खत्ती..? वो सब तो देखना भी नसीब नहीं है। दो जून की रोटी का जुगाड़ हो जाये, यही बड़ी किस्मत है...।'

'साहब, गरीब मेहनती मजदूर लोग हैं..। दो, चार बीघा अपने खेत हैं, बाकी कुछ बटाईदारी पर ले रखे हैं। औरत, बच्चे सब लोग मेहनत मजदूरी में लगे रहते हैं...।' प्रधान ने हस्तक्षेप किया है।

'फिर इनके यहां वारदात होने का क्या मतलब ...? क्या मिलेगा इनके यहां...?'

'हुजूर, लौंडिया की सादी है अगले महीने, सो कुछ कपड़ा, नाक-गले और पैर की चीजें अभी खरीदी थीं...।'

'कितने का सामान गया होगा..?'

'सरकार सबरा चला गया...। पांच हजार से ऊपर का रहा होगा...। हुजूर, पाई-पाई करके जमा किया था...।' रमेसर का स्वर लरजने लगा है।

'पर इसके लिये फौज की जरूरत थोड़े ही है...?'

'अरे साहब, कैसी फौज? रात में एक बदमाश भी दस दिखे हैं। फिर डर के मारे कौन देख पाता है। ससुरी आंख तो खुलती नहीं है...।' प्रधान ने थानेदार की दुविधा को ताड़ लिया है। प्रधानी चलाने के लिये तहसील और थाने से नजदीकी संबंध रखने पड़ते हैं। रोजमर्रा का ही आना जाना होता है। एक समय था जब गांव के अधिक्तर मसले गांव में ही तय हो जाते थे। लोगों में एक दूसरे के प्रति सम्मान और सद्भाव था, सहअस्तित्व में गहरी आस्था थी, दूर के संबंधों में भी आत्मीयता की आंच थी, बुजुर्गों के लिये आदर था और गांव की परम्पराओं और मर्यादाओं के लिये अटूट श्रृद्धा...।

...पर अब, लोकतंत्र का सर्वाधिक दुष्प्रभाव अब गांवों में ही दिखलाई देता है। वैयक्तिक स्वतंत्रा, सामाजिक चेतना और आदमी के मौलिक अधिकारों के नाम पर गांव की भोली जनता को किस हद तक गुमराह किया जाता है, उनकी संवेदनाओं का शोषण किया जाता है, वह देखते ही बनता है।

प्रधान पुलिस की कार्यप्रणाली से अच्छी तरह परिचित हैं। जानते हैं कि थानेदार को किसी भी काम के लिये आसानी से राजी किया जा सकता है- शराब

खींचना, कट्टे रखना, गलत फसल काटना या कटवाना, किसी को सही-गलत बंद करवाना पर डकैती का मुकदमा कायमी....?

'अरे साहब, बदमाशों की गिनती पर मत जाओ, दो-चार तो रहे ही होंगे...।' प्रधान ने कुछ पल शांत रह कर कहा है।

'मैं कौन मना कर रहा हूं...,' थानेदार प्रधान के समर्थन पर मन ही मन प्रसन्न हुआ है। उसने एक लम्बी सांस ली और कहा, 'जब वारदात हुयी है तो दो चार बदमाश तो होंगे ही। अब आइन्दा दो चार से ज्यादा मत कहियो...।'

'जो हुकुम सरकार का...,' रमेसर हाथ जोड़ कर दयनीय स्वर में बोला, 'हमारा दो तीन से क्या लेना देना। सरकार, मेरा तो सामान मिल जाये तो लौंडिया के हाथ पीले कर दूंगा...।' उसकी आंखें छलक आयी हैं और वह नीचे मुंह करके कुर्ते की बांह से उन्हें पौंछने लगा है।

'मदद पूरी होगी तेरी। हरामियों को सबक सिखा दूंगा। अलबेल सिंह के इलाके में डकैती....।' उसने अपनी मूंछें ऐंठी हैं।

पीछे बैठे सभी कर्मचारियों ने बारी बारी एक दूसरे को देखा है। उनके चेहरों पर मुस्कान की झीनी सी छटा उभर आई है। संग्राम सिंह जानते है कि अब मुकदमा चोरी का ही लिखा जायेगा। यह सब कुछ नया नहीं है। नौकरी के शुरुआती दौर से ही यह देखते आये हैं। छोटी मोटी चोरी लिखने का तो सवाल ही नहीं है और बड़ी चोरी या नकबजनी में माल की कीमत कितनी कम लिख दी जाये, यह प्रधान लेखक की काबलियत का प्रमाण है। और डकैती का लिखा जाना उसके साथ थानेदार की नालायकी का सबूत...।

आकड़ों के इस तिलिस्म के बारे में सोच कर संग्राम सिंह मन ही मन मुस्करा दिये। अपराध स्थिति के आकलन के लिये समूचे विश्व में आकड़ों के अतिरिक्त और कोई मानक ही ईजाद नहीं हुआ है। अपराध काबू में हैं या बेकाबू, इसे केवल पिछले वर्ष के आकड़ों से तुलना करके ही आंका जाता है। कितनी लूटपाट हो, कितनी चोरी चपाटी हो, कितनी मारकाट हो, अगर उसे पिछले साल से कम दर्ज किया गया हे तो थाने का कामकाज अच्छा, अपराध स्थिति नियंत्रण में है..।

किन्तु संग्राम सिंह भूत और वर्तमान में एक अंतर अवय पाते हैं। तब यह जरूर था कि ऊपर से नीचे तक सब इसे अच्छी तरह समझते थे और अपराध न लिखे जाने की शिकायतों पर प्रत्यक्ष अथवा अप्रत्यक्ष रूप से समर्थन भी देते थे। अब स्थिति दूसरी है। अभी एक साल में एक थानेदार इसलिये हटाया गया क्योंकि उसके समय में कुछ अपराध बढ़े थे और दूसरे की बदली इस वजह से हुयी क्योंकि उसने लूट के एक अपराध को छिपाया था। वही डिप्टी जो एक एक अपराध के बढ़ने पर सजा की धमकी देते थे और मुकदमा दर्ज न करने को खुल कर प्रोत्साहित करते

थे, ने एक शिकायती प्रार्थनापत्र की जांच में अपराध न लिखे जाने के आरोप में थानेदार को दोषी करार दिया। थानेदार का तबादला ही नहीं हुआ, उसके सेवा अभिलेख पर भी दाग लगा दिया गया।

'किसी को पहचाना क्या..?' थानेदार ने आगे पूछा है।

'न सरकार, मुह पर ढाठे जो बंधे थे...।'

'बोली कैसी थी..?'

'सरकार कैसी बोली..., मां बहन की गाली के इलावा और क्या बोले थे...।'

'अरे आपस में तो बोल रहे होंगे..?'

'सरकार, ज्यादातर इशारों में बतिया रहे थे ...।'

'आपस में किसी का नाम लिया हो...?'

'मुझे ख्याल ना हुजूर...।'

'पहनावा क्या था...?'

'निपट अंधेरी थी हुजूर, टिपता कहां था...।'

'न देखा, न पहचाना, बोली सुनी नहीं तो फिर रपट क्यूं लिखाता है...।'

थानेदार बुरी तरह झुंझला गया है। उसके चेहरे पर तनाव और रोष परिलक्षित है। अंदर ही अंदर रमेसर के प्रति एक अजब सी वितृष्णा उसके अंदर पैदा हो रही है। ...इन निरक्षर, गंवार और नासमझ गांववालों से इसीलिये वह चिढ़न महसूस करता है। समझते हैं कि पुलिसवालों पर कोई अलादीन का चिराग है, बदमाशों को सात समंदर दूर और पृथ्वी के नीचे से ढूंढ निकालेंगे। उनका काम महज अपराध की इत्तिला देना है। सहयोग की कोई भावना ही इन गांववालों में नहीं है....। बिना जन सहयोग के पुलिस का काम चला है भला...?

सब लोग शांत हैं। जीप टेढ़े-मेढ़े, ऊंचे-नीचे रास्ते पर चल रही है। पीछे धूल के बादल उड़ रहे हैं। गाड़ी के अंदर घुस कर धूल सबके कपड़ों और बदन पर एक मटमैली पर्त की तरह जमा हो रही है। संग्राम सिंह को जीप की यात्रा इसीलिये नापसन्द है। उबड़-खाबड़ रास्तों पर बदन टूट जाता है। जीप की छत का सरिया कस कर पकड़ कर बैठना पड़ता है जिससे कम हिचकोले लगें। सायकिल चलाने में पैरों में थकान जरूर होती है पर इस धूल और गर्द से निजात मिल जाती है। वैसे भी पहले थानों पर जीप थी कहां। कुछ थानेदारों पर घोड़े थे या फिर बाद में बुलेट मोटर सायकिल ...। न ही गांवों के लिये आज जैसी सड़कें थीं। उन दिनों घटना स्थल के निरीक्षण में दो-तीन दिन तक लग जाते थे। सायकिल, बैलगाड़ी, नाव आदि में यात्रा करके ही अधिक्तर गांवों तक पहुंचा जा सकता था।

'किसी पर शक हो तो बता...?' थानेदार ने आगे पूछा है।

'ना हुजूर , मुझे तो किसी पर शक ना...।'

'किसी से रंजिश तो नहीं है ?'

'सरकार, गरीबों की कैसी रंजिश...।'

'अबे तो क्या सारे खून, कत्ल, डकैती रईसों में ही होते हैं।'

'ना हुजूर , मेरा यो मतलब ना। मेरे पास है ही क्या जो किसी से दुसमनी हो...।'

'घर में कौन कौन है..?'

'हुजूर, औरत है, दो लौंडे और दो ही लौंडियां हैं।'

'लड़के कितने बड़े हैं , क्या करते हैं ?'

'बड़ा मेहनत मजूरी करता है। यही कोई अठारह साल का है। और छोटा तेरहवीं में लगा है। वो पढ़ रहा है हुजूर...।'

'उनका तो कोई लफड़ा नहीं है, चाल चलन ठीक हैं उनका...?'

'हुजूर, अपने मुंह क्या तारीफ करूं। प्रधानजी ही बतला सकें।'

'इसके बच्चों की कोई शिकायत नहीं है दरोगा जी,' प्रधान ने तुरंत हामी भरी, 'सीधे साधे बच्चे हैं ।'

'लड़कियां कितनी बड़ी हैं ?'

'बड़ी यही कोई सोलह की है। उसी की अगले महीने सादी है। और छोटी सममें छोटी है। सरकार, दस की होगी।'

'देख रमेसर, किसी भी तरह की कोई बात हो तो छिपाना मत...। छोटी-मोटी बातों से बड़ी-बड़ी वारदात खुल जाती है।'

एकाएक संग्राम सिंह चौकन्ने हो गये हैं। वह जानते हैं कि थानेदार का दिमाग किस दिशा में चल रहा है। वैसे भी पुलिस डकैती और हत्या की वारदातों में दो ही कारण तलाशती है- सम्पत्ति संबंधी विवाद और प्रेम सम्बंध...। जहां तक जमीन-जायदाद के झगड़े का सवाल है तो रमेसर जैसे लोगों में इसे तलाशना निहायत फिजूल है। हां, आशनाई के चक्कर अक्सर मिल जाते हैं। और सच तो यह है कि पुलिस इनकी तहकीकात भी अपराधियों की खोज से कहीं अधिक रुचि से करती है। इसमें एक रस भी तो है और कभी-कभार इस रस का आस्वाद तफतीश कुनिन्दा को भी मिल जाता है।

अचकचाई नजरों से रमेसर ने इधर उधर देखा और कहा,' सरकार, झूठ बोलूं तो कुत्ते सी सजा...। मेरी तो किसी से कभी तूतू- मैंमैं भी नहीं हुयी। काम से काम रखा। हुजूर, मेरे बच्चे भी बड़े नेक और शरीफ हैं।'

'सो तो सौलह आने ठीक है साहब...।' प्रधान ने समर्थन किया,' रमेसर और इसके बच्चे बड़े भले लोग है । इनके बारे में कभी कुछ गलत नहीं सुना । पूरा गांव इनकी शराफत की गवाही देगा।'

थानेदार ने प्रधान के चेहरे की ओर देख कर उसके कथन की सत्यता को जांचने का प्रयास किया है। अगले दो, तीन महीने में ही प्रधानी के चुनाव होने जा रहे हैं और हरिजनों के वोट काफी हद तक निर्णायक साबित होते हैं। प्रधान के लिये यह घटना चमत्कारी साबित हो सकती है। संकट की इस घड़ी में प्रधान की यह मदद केवल रमेसर ही नहीं, पूरे जाटव समाज को उसकी ओर खींच सकती है वरना अलस्सुबह उनके साथ थाने आने की जहमत तो कम से कम वह नहीं ही उठाता।

जैसे-जैसे प्रधानी के चुनाव निकट आ रहे हैं, गांवों में रोज नयी-नयी समस्याएं खड़ी होती जा रही हैं। इस चुनाव को लेकर अब गांवों में खासा तनाव रहने लगा है। पहले ज्यादातर गांवों में मुखिया का चुनाव या तो होता ही नहीं था और यदि इसकी नौबत भी आती तो किसी प्रकार के तनाव या झगड़े-फसाद का सवाल ही नहीं था। अब विकास संबंधी कार्यों में प्रधान की अहम भूमिका हो गयी है, जिसमें पैसे का लेन-देन भी है और आर्थिक लाभ भी...। इसीलिये इन चुनावों का कानून व्यवस्था पर गहरा प्रभाव है।

थानेदार शांत है और संग्राम सिंह उसकी चुप्पी की वजह जानते हैं। सब जानते हैं कि बिना पुख्ता कारण के जुर्म मुमकिन नहीं। अदालत भी इस उद्देश्य की बारीकी से छानबीन करती है। ... सम्पत्ति का विवाद नहीं, बच्चों का चरित्र अच्छा फिर रमेसर के यहां डकैती...? इस घटना के सूत्र रमेसर की बड़ी लड़की से ही निकलते दिखलायी देने लगे उसे...।

'किसी ने तेरी लड़की से कभी कोई छेड़खानी तो नहीं की ?' थानेदार ने एकाएक पूछा और फिर अपनी बात का खुलासा करने लगा,' मेरा मतलब, शहरों की तरह गांवों में भी यह सब खूब होने लगा है। फिल्में देख-देख कर गांव के लौंडे भी आशिक मिजाजी की गिरफ्त में आ गये हैं। शर्म, लिहाज एकदम खत्म हो गया है। परसों सठियांव में एक लड़का अपनी पड़ौसी की लड़की को लेकर भाग गया। बचपन से उन्हें चाचा-चाची कहता था...।'

रमेसर परेशान सा इधर उधर देखने लगा है। उसे कोई उत्तर ही नहीं सूझा है। यह तो उसने कभी सोचा भी नहीं था कि पुलिस के पास डकैती की रपट लिखाने में उसके पूरे परिवार के चरित्र की पड़ताल होगी। बात अभी बच्चों तक सीमित थी पर उसे लगा कि जल्दी ही थानेदार उसके और पत्नी के बारे में भी कुछेक सवाल दागेगा...।

उसने कोई उत्तर देना जरूरी नहीं समझा।

थानेदार ने उसे एक नये पशोपेश में डाल दिया है।

प्रधान को अपनी भूमिका याद आयी है।

'थानेदार साहब, मैंने कहा न कि बहुत अच्छा परिवार है यह। आप जानो कि

छोटा सा गांव है रमपुरा। कोई बात छिपती नहीं है। इसलिये ऐसी कोई बात है ही नहीं।'

'इसका मतलब तो यह है कि लड़की की शादी के चक्कर में ही यह वारदात हो गयी।'

'बिलकुल ठीक सोचा आपने साहब...।'

'इससे पहले गांव में डकैती कब हुयी थी ?'

'अरसा हो गया साहब...।' प्रधान ने बतलाया, 'ठाकुरों के यहां बड़ी डकैती पड़ी थी। उसमें तो खूब फायरिंग भी हुयी थी। माल भी अच्छा गया था। कुछ लोग पकड़े भी गये थे। आपसी रंजिश का मामला था।'

'दीवान जी, रजिस्टर नम्बर आठ लाये हैं ?' थानेदार ने संग्राम सिंह से पूछा है।

'जी साब...।'

'गांव में एचएस (हिस्ट्री शीटर्स) कितने हैं ?'

'दो मजारिया (प्रचलित) और चार बंदशुदा..। किसी की कोई शिकायत नहीं सुनी गयी। सभी काम धंधे में लगे हैं...।' संग्राम सिंह ने बतलाया।

'मौजूद तो हैं ना..?'

'मौजूद हैं साहब.., परसों रात ही चैक किया था।'

'कैसी गश्त करते हैं दीवान जी । एक रात पहले गश्त और अगली रात में डकैती....?'

थानेदार ने तंज भरे स्वर में कहा और धीरे से मुस्करा दिया है ।

पास बैठे श्रीराम ने बड़ी मुश्किल से अपनी हंसी दबाई है ।

रमेसर के घर पर भीड़ जमा है। जीप के पहुंचते ही भगदड़ सी मच गयी है। लाल साफा बांधे चौकीदार भी मौजूद है। तुरन्त दो चारपाईयों का इंतजाम उसने किया है। थानेदार ने अंदर-बाहर बड़ी सूक्ष्मता से घटना स्थल का निरीक्षण किया है। घर के अंदर पूरा सामान अस्त व्यस्त सा पड़ा है। दो दरवाजे कुल्हाड़े से तोड़े गये हैं। जिस कोठरी में रमेसर के बूढ़े मां-बाप के साथ मारपीट की गयी है, उसमें खून बह रहा है। थानेदार ने संग्राम सिंह को खून आलूदा मिटटी को कब्जे में लेने को कहा है। श्रीराम को घटना स्थल का नक्शा नजरी बनाने का निर्देश दिया है।

लोग पीछे पीछे चल रहे हैं पर जैसे ही कोई प्रश्न उनसे किया जाता है, अगले ही पल इधर उधर बचते नजर आते हैं।

'रात में कोई शोर शराबा सुना था क्या ..?' थानेदार ने चारपाई पर बैठते हुये रमेसर के पड़ौस में रह रहे एक आदमी से पूछा है।

'सरकार, मैं तो रात खेत में पानी दे रहा था। घर में छोटे बच्चे थे, उन्हें तो कोई खबर नहीं।'

'बदमाशों के आने जाने का कोई खटका भी नहीं हुआ...?' अब एक दूसरे आदमी से उसने पूछा है।

'हुजूर, मैं तो पिछले तीन दिन से बच्चों की ननिहाल गया हुआ था। पास ही गांव है। डकैती की खबर सुन कर चला आया...।'

'तुम्हें कुछ जानकारी हो तो बतलाओ...?' एक अन्य व्यक्ति से थानेदार ने पूछा है ।

'फि...,फि...,फि...,' एक बेहूदा सी हंसी हंसा है वह, 'मेरा घर तो वो पूरब में है हुजूर....।'

'अच्छा..., जब कोई नहीं था तो यहां तमाशा देखने क्यूं खड़े हो। भागो सालों यहां से...।'

भीड़ छंटने लगी है।

'चौकीदार, जाकर सभी बदमुज्जनों को बुला ला...। कोई हरामी गायब न होने पाये...।' थानेदार के स्वर में चिढ़न और थकान है ।

उसने चारपाई पर बैठते हुये एक तेज अंगड़ाई ली है। उसके चेहरे पर क्रोध, ऊब और खीझ के भाव उमढ़-घुमढ़ रहे हैं। ऐसे में संग्राम सिंह क्या, आस पास मौजूद सभी लोगों को लगता है कि पता नहीं कब संयम, सदाचार, सभ्यता और संस्कार का आवरण थानेदार के ऊपर से खिसक जाये और दुव्यवहार, गाली-गलौच और मारपीट से पूरा माहौल विषाक्त हो चले।

'साहब, चल कर मेरी बैठक में बैठिये।' प्रधान ने कहा,' कुछ चाय पानी भी हो जायेगा और जिसको कहेंगे, वहीं बुलवा लेंगे...।'

प्रधान ने पास आकर धीरे से कहा है , धीरे से इसलिये जिससे इनकार से उसका सार्वजनिक अपमान न हो।

प्रधान के घर पर गांव के अन्य सभ्रांत लोग भी जुट गये हैं। लाइसेंसदारान भी अपने अपने असलाह लेकर उपस्थित हैं। थानेदार के गांव आगमन पर यह एक आवश्यक दस्तूर होता है वरना कभी भी अस्लाह जमा होने या लाइसेंस मुअत्तिल होने की नौबत आ जाती है।

दुराचारियों की भी पेशी हुयी है। हड़बड़ाये से वे सभी सिर नीचा किये थानेदार के सामने खड़े हैं।

'तुम लोग अपनी करतूतों से बाज आओ...। बोलो किसकी हरकत है यह...?' थानेदार ने दहाड़ कर पूछा है।

वहां मौजूद तीनों हिस्ट्रीशीटर्स सकपकाये से एक दूसरे की शक्ल देखते हैं।

'चल तू बता , क्या नाम है तेरा ?'

'अनवार हुजूर...। माई बाप, अल्लाह का करम है। मैं इस सबसे बहुत दूर

हूं। मेहनत-मजूरी कर दो वक्त की रोटी मिल जाती है...। किसी से भी दरयाफ्त कर लें...।'

'अबे तो एचएस कैसे बन गया ...?'

'सरकार, अर्सा बीत गया। पच्चीस साल पहले कुछ जानवर ले जा रहा था। बस उसकी तस्करी के इल्जाम में पकड़ा गया।'

'क्यूं दीवान जी..?'

'जी साहब...।' संग्राम सिंह ने हामी भरी है।

'अच्छा तू बता, क्या नाम है तेरा..?'

'राम खिलावन सरकार...। मैं क्या बतलाऊं हुजूर...,भगवान की सौगंध, कभी कोई गलत काम नहीं किया। जमीन को लेकर पट्टीदारों से कहा सुनी हुयी थी। उन्होंने लूट का झूठा मुकदमा लिखा दिया । पूरा गांव सच जानता है। उसके बाद कभी साठ में बंद हुआ तो कभी दफा पच्चीस में...। एक थानेदार ने....।' कहते कहते वह चुप हो गया है।

'बोल, चुप क्यूं हो गया..,थानेदार का किस्सा तो बतला...?'

राम खिलावन निशब्द खड़ा रहा। उसके चेहरे पर पसीने की बूंदे छलक आईं हैं। पैरों में हल्का सा कंपन होने लगा है।

'यह क्या बतलायेगा, साहब...,' प्रधान ने हस्तक्षेप किया,' पुरानी बात है।'

'मगर बात तो बताओ...।'

'एक थानेदार ने इससे एक हजार रुपये मांगे थे और न देने पर इसकी हिस्ट्रीशीट खोल दी...।'

संग्राम सिंह जानते हैं कि राम खिलावन के कथन में सच्चाई हो सकती है। सरकार ने हिस्ट्रीशीट जैसा महत्वपूर्ण और कलंकित अभिलेख खोलने के नियम कितने एकतरफा और मनमानी बना रखे हैं-अपराधशास्त्र की अवधारणाओं के एकदम विपरीत...। यानी एक बार अपराधी तो ताउम्र अपराधी...। सुधार का कोई स्थान ही नहीं...। आज जब सुधारवादियों का सर्वत्र वर्चस्व है, पुलिस का यह प्रपत्र इससे अछूता है। हिस्ट्रीशीट बंद जरूर होती है पर कभी नष्ट नहीं होती। खत्म यह जीवन के साथ ही होती है...।

'अच्छा ठीक है, ठीक है...,' थानेदार ने बात बदली,' इस वारदात का पता लगाओ वरना तुम सभी को जेल भेज दूंगा...।'

चाय पानी का दौर आरम्भ हो गया और देर तक चलता रहा है ।

संग्राम सिह अंदर ही अंदर बड़े बेचैन हैं। हलके में डकैती की घटना उनके लिये बड़ी चुनौती है। उन्हें लगता है जैसे किसी ने उनके परिश्रम, कर्तव्यनिष्ठा और कार्यकुशलता को ललकारा है। साथ के सिपाही जैसे उनकी ओर देखकर तंज भरी

मुस्कान फेंक रहे हैं। सभी जानते हैं कि ऐसी घटनाओं से संग्राम सिंह कितना उद्विग्न अनुभव करते हैं मानो अपराध में वो स्वयं ही लिप्त हों। पिछले दो सालों में कई बार इसे लेकर उनकी संग्राम सिंह से बहस भी हो चुकी है। दोनों के अपने अपने तर्क हैं।

'पच्चीस गावों का हलका है हमारा। एक दीवान और दो सिपाही क्या कर सकते हैं। रात-दिन गश्त करने से भी पूरा हलका कवर नहीं हो सकता....।' श्रीराम ने कहा था एक दिन।

'भाई, गश्त से ही सब कुछ नहीं होता । खास बात है पुलिस का इकबाल....। जब पुलिस का इकबाल कायम रहता है तो बदमाशों के हौसले पस्त रहते हैं।'

'फिर वही बात दीवान जी..., ये इकबाल, विकबाल अंग्रेजी जमाने की बातें हैं। क्या अब सरकार चाहती है कि पुलिस का इकबाल कायम हो ? रोजमर्रा तो बड़े अधिकारी हिदायत देते रहते हैं कि पुलिस जनता की सेवक है, सभी से अच्छा व्यवहार करो, जन प्रतिनिधियों को पूरा सम्मान दो...। और तो और बदमाशों पर भी थर्ड डिग्री का प्रयोग मत करो...। साले मुजरिमों को हथकड़ी लगाने तक पर तो पाबंदी है। आम आदमी सुरक्षित रहे न रहे, अपराधियों के मानवाधिकार की सबको चिंता है।...तो फिर कैसा इकबाल....?'

श्रीराम के कथन में सत्यता नजर आती है संग्राम सिंह को। स्थितियां सचमुच कितनी बदल गयी हैं। हर आदमी अपने अधिकारों के लिये कितना चौकन्ना है। पुलिस की एक-एक कार्रवाई को कितने कठिन परीक्षण से गुजरना पड़ता है। अदालत, अखबारनवीस, जनप्रतिनिधि और विभाग के आला अफसर...। नयी पीड़ी के वरिष्ठ अधिकारी भी अजीब तरह की सोच से ग्रस्त हैं। एक कप्तान ने पूछताछ के लिये किसी को भी थाने में लाने पर ही पाबंदी लगा दी थी। एक दूसरे ने आदेश दिया था कि सभी पुलिसकर्मी नागरिकों को 'श्रीमानजी' या 'सर' जैसे शब्दों को प्रयोग कर ही सम्बोधित करेंगे। जनप्रतिनिधियों विशेषकर विधायक और सांसदों के प्रति सदाचरण के लिये परिपत्र आते ही रहते हैं। उनकी तो एक शिकायत पर सिपाही, दरोगा क्या, कप्तान तक लुढ़क जाते हैं। सिपाही, दरोगा की तो वर्दी उतरने में देर नहीं लगती, भले ही शिकायत के पीछे उनका मकसद कुछ भी रहा हो। इसीलिये अब पुलिस किसी पर हाथ डालने से पहले उसके संबंधों की पूरी छानबीन करना जरूरी समझती है।

'श्रीराम...,' संग्राम सिंह हार मारने वाले कहां थे,' तुम्हारी बात गलत नहीं है पर इसके अलावा और कोई रास्ता भी तो नहीं है। पुलिस अजब से पशोपेश में जरूर है। पर क्या आम जनता नहीं चाहती कि बदमाशों के साथ सख्ती हो...। अच्छे

बदमाश के एन्काउन्टर पर जनता कितना खुश होती है, चाहे वो फर्जी मुठभेड़ ही क्यूं न हो। वही पुलिस जिसे वो रात-दिन गाली देते रहते हैं, को हाथों पर उठाया जाता है, उनका सम्मान किया जाता है। आज भी पुलिस बदमाशों पर सख्ती करना बंद कर दे तो तमाम शिकायतें होने लगती हैं।'

'और उन शिकायतों का अंजाम..?'

'अक्सर खराब होता है भाई...।' संग्राम सिंह ने एक लम्बी सांस लेते हुये कहा,' मैं मानता हूं पर और कोई चारा भी तो नहीं है। पुलिस की नौकरी हमेशा जोखिम भरी रही है पर अब ये नये तरह के जोखिम जुड़ गये हैं।'

'मतलब...?'

'मतलब, लोगों की उम्मीदें कुछ हैं और सोच कुछ और...। चाहते कुछ और हैं और करते कुछ और...।'

'लोग क्या, राजनेता और अफसर भी तो इसमें शामिल हैं...।'

'यकीकन....। वो अपने पहले वाले जिला जज का किस्सा मालूम है ना...?'

'न दीवान जी, मुझे नहीं पता...।' श्रीराम ने उत्सुकता भरे स्वर में पूछा।

'अरे कितना सख्त जज था वो। रोज थानेदारों को सजा देता था, वो क्या कहें, स्ट्रिक्चर पास करता था। कईयों को सजा भी दी, जुर्माना भी किया। मुल्जिम ने कह भर दिया कि उसे थाने पर चौबीस घंटे से ज्यादा थाने पर रखा गया है कि पुलिस की आफत...। सीधे डीजी साहब का चिट्ठी भेजता था। एक मुल्जिम ने हथकड़ी लगाने की शिकायत कर दी तो उसने सुप्रीम कोर्ट को लिख दिया। अपने कप्तान साहब की वहां पेशी हो गयी। लिखित माफीनामे के बाद बड़ी मुश्किल से अदालत ने उन्हें छोड़ा। पर थानेदार को मुअत्तिल करना पड़ा, दस हजार का जुर्माना अलग भरा गया।'

संग्राम सिंह ने लम्बी सांस ली, मानो बोलते-बोलते थक गये हों वह।

'पर फिर हुआ क्या...?' श्रीराम ने बात बढ़ाई।

'अरे उसकी बेटी की चेन बाजार में बदमाशों ने छीन ली। बस पुलिस की जान आफत में कर दी उसने। इसे पकड़ो, उसे पकड़ो , ससुरों से ठीक तरह पूछताछ करो। कोई मुरव्वत नहीं दिखलाओ..। बदमाश आसानी से बात थोड़े ही उगलेगा, जब एक हफ्ते तक लटकाओगे तो अपने आप जुर्म कुबूलेगा....।'

दोनों ठठा कर हंस पड़े और देर तक हंसते रहे।

'यही कथनी और करनी का फर्क अब सब जगह दिखलाई देता है...।' संग्राम सिंह ने हंसी रोक कर तनिक गंभीर स्वर में कहा।

'और इसका खामियाजा भुगतती है पुलिस...।' श्रीराम ने गंभीर स्वर में कहा।

रात हुयी डकैती की घटना एक बार संग्राम सिंह के जहन में कौंध गयी है। थानेदार का चायपानी का लम्बा दौर उन्हें तनिक भी नहीं भा रहा है। इस प्रकार की घटना के बाद वह यूं ही समय नहीं बरबाद कर सकते। कई नाम उनके अंदर उभर रहे हैं, किसी के बारे में पतारसी करनी है तो किसी से दरियाफ्त...।

'जरा मैं अपने साथियों से अलग से बात कर लूं...।' कुछ देर बाद थानेदार ने कहा तो प्रधान समेत सभी लोग बाहर चले गये।

'दीवानजी, यह कौन हरामी गेंग आपके हलके में आ गया। पूरे साल में अब तक एक भी डकैती नहीं लिखी गयी है। पर यह हरिजनों का मामला है। नये कप्तान साहब बड़े सख्त अफसर हैं। अब तो माल मुल्जिम की बरामदगी से ही इज्जत बच सकती है...।'

'साहब, अपनी तरफ से कोई कसर नहीं छोड़ूंगा। बदमाशों का पता लगाऊंगा। बस सुरागरसी के लिये दो कान्सटेबिल मेरे साथ बने रहें।'

'वो तो रहेंगे ही। आप अपनी बीट के मुलाजमान अपने साथ रखें। जब तक यह वारदात न खुले, वो और कोई काम न करें। हैड मोहर्रिर से कह दीजिये...।'

'जी, वारदात जरूर खुलेगी साहब...। मैं भी चैन से बैठने वाला नहीं हूं...।'

'मुझे आप पर पूरा भरोसा है...।'

थानेदार ने मुस्करा कर कहा तो संग्राग सिंह अंदर तक प्रफुल्लित अनुभद करने लगे ।

...वर्दी वाले विभाग में वरिष्ठ अधिकारी का विश्वास बहुत बड़ी सौगात है। कनिष्ठ अधिकारी अपनी जान पर खेल कर भी उस विश्वास को बनाये रखना चाहता है।

'अच्छा मैं चलूं...।' थानेदार खड़ा हो गया है, 'केवलराम और श्रीराम यहीं बने रहें...।'

'जी साहब...।'

संग्राम सिंह ने सैल्यूट किया है ।

जीप धूल उड़ाती चली गयी है, कहां गयी है, कोई नहीं जानता....।

पर इतना संग्राम सिंह अवश्य जानते हैं कि थानेदार की थाने पर वापसी का तो प्रश्न ही नहीं है। डकैती के मौके से दो, तीन घंटे बाद वापसी ही उन्हें सजा दिलाने के लिये काफी है। विभागीय आदेश हैं कि थानाध्यक्ष कम से कम चौबीस घंटे डकैती के मौके पर अवश्य रहें। इसलिये कोई थानाध्यक्ष उससे पहले थाने के अभिलेखों में अपनी वापसी नहीं दर्शा सकते।

...फिर...?

...संग्राम सिंह जानते हैं कि इस प्रकार की घटना के बाद थानेदार को तमाम

मोर्चे सम्हालने पड़ते हैं। कुछ तो स्थायी मोर्चे हैं- स्थानीय विधायक या सांसद, कुछ अन्य प्रभावशाली लोग, पत्रकार...। पर कभी-कभी थाने की कार्यप्रणाली या थानेदार से व्यक्तिगत तौर पर रुष्ट कुछ लोग भी ऐसे अवसरों की तलाश में रहते हैं। एक घटना उन्हें ही नहीं, पूरे समाज को असुरक्षित बना डालती है और भय, आतंक और असुरक्षा के वातावरण का राग वो चारों ओर अलापने लगते हैं।

इसलिये थानेदार का काम दोनों ओर चलता है- अभियोग का पर्दाफाश करना और विभिन्न मोर्चों पर नाकाबंदी....।

थानेदार विधायक के यहां हाजिरी देंगे, चैयरमैन व एकाध प्रभावशाली लोगों के यहां बैठकबाजी करेंगे और पत्रकारों के लिये दारू और मुर्गे की व्यवस्था कराऐंगे...।

कभी यह हिसाब भी बनाया जाता है कि कोई ऐसा 'गुडवर्क' हो जाये कि अफसरान, पब्लिक, नेता, अखबारनवीस इस वारदात को भूल जायें और चारों ओर पुलिस की वाह वाही होने लगे ।

...गुडवर्क यानी एन्काउन्टर...।

....एन्काउन्टर यानी मुठभेड़...,

....यानी बदमाश का खात्मा...।

लगभग तीन चौथाई नौकरी तक आम जनता की तरह संग्राम सिंह भी इसे 'काउन्टर' ही समझते थे। एक बार एक एम0ए0 पास दरोगा ने उन्हें समझाया था कि पुलिस 'काउन्टर' नहीं एन्काउन्टर करती है।

'एन्काउन्टर मतलब बदमाश से आमने सामने मुकाबला...।'

'पर इस मुकाबले में बदमाश के मारे जाने को एन्काउन्टर क्यों कहते हैं ?' संग्राम सिंह ने पूछा।

'अरे दीवान जी, आप इत्ते पुराने आदमी होते हुये भी मुझसे पूछते हैं। अरे जब बदमाश पुलिस के सामने पड़ेगा तो मरना तो उसे ही है।'

'पर साहब, मारे तो पुलिस वाले भी जाते हैं। अपने सूबे में ही हर साल सौ, सवा सौ पुलिस वाले शहीद हो जाते हैं।'

'इसमें क्या शक है। पुलिस की घेराबंदी होने पर बदमाश भी अपने बचाव में कोई कसर नहीं छोड़ता। उसके लिये फिर कुछ भी क्यूं न करना पड़े।'

'फिर भी जनता यह सोचती है कि पुलिस सिर्फ फर्जी मुठभेड़ करती है। जबकि यह उतना सच है नहीं। '

'हां, लेकिन कुछ मुठभेड़ तो फर्जी होती ही हैं। बाकी यह सच है कि बदमाश का एन्काउन्टर करने के लिये काफी प्लानिंग करनी पड़ती है। उसमें कुछ गलत काम भी करने पड़ते हैं जैसे बदमाश को उठा कर कहीं और मार देना, उसके गेंग में अपने

आदमी को घुसेड़ देना, उसके नाजायज सम्बंधों के बारे में जानकारी कर उसकी कमजोरी का फायदा उठाना या उसके घरवालों, अज़ीजों को परेशान करना ज़िससे वह पुलिस से आकर टकराये...।'

'पर सही काम करने के लिये एकाध गलत काम करने में हर्ज ही क्या है। फिर पब्लिक भी तो यही चाहती है। '

'इसमें कोई शक नहीं है।'

'मुठभेड़ों को लेकर पुलिस से कहीं ज्यादा जोश जनता में दिखलायी देता है। जहां किसी अपराधी का आतंक चारों तरफ फैला नहीं कि जनता यह उम्मीद करने लगती है कि पुलिस उसका सफाया कर देगी। पुलिस की इसमे नाकामी उसकी नालायकी का सबूत मानी जाती है।'

संग्राम सिंह को उस मुठभेड़ की याद ताजा हो आयी जिसके लिये उन्हें राष्ट्रपति द्वारा वीरता के पदक से सम्मानित किया गया है।

लगभग दस वर्ष के नौकरी के बाद संग्राम सिंह एक ऐसे जिले में तैनात हुये जहां के कप्तान को 'एन्काउन्टर एक्सपर्ट' के रूप में जाना जाता था। उनकी विशेषता यह थी कि किसी भी जनपद में तैनात होते ही वह ऐसे अपराधियों की सूची तैयार कर लेते थे जिनका सफाया अपराध नियंत्र्ण के हित में था। फिर जनपद के चुने हुये थानाध्यक्षों का 'टास्क' आबंटित कर दिये जाते...। कुछ नवयुवक दरोगा भी इसमें बढ़-चढ़ कर हिस्सा लेते क्योंकि उन्हें यह लोभ दिया जाता कि यदि थानाध्यक्ष बनना है तो अमुक अपराधी को मार गिराओ।

किसी उपनिरीक्षक के लिये थानाध्यक्ष बनना मात्र रुतबे या आर्थिक लाभ के लिये ही जरूरी नहीं है। निरीक्षक पद पर अगली प्रोन्नति के लिये एक जरूरी शर्त यह भी है कि उपनिरीक्षक ने कम से कम तीन वर्ष तक थाना प्रभारी का काम किया हो। जब तक उसका यह चार्ज पूरा नहीं होता, वह निरीक्षक पद के लिये अर्ह ही नहीं है।

जाहिर है कि थाना प्रभारी बनना उपनिरीक्षक के कैरियर के लिये अनिवार्य है।

जिले में थाने गिने-चुने होते हैं और उपनिरीक्षकों की संख्या लगभग दस गुनी ...। इस पर तैनाती के लिये कोई विशेष नियम भी नहीं हैं, इसलिये तैनाती का सारा दारोमदार पुलिस अधीक्षक की कृपा दृष्टि पर ही निर्भर है। इसलिये थानाध्यक्ष का पद पाना और उस पर काबिज बने रहना, इतना सरल नहीं है। इसके लिये आपको कुछ अतिरिक्त योग्यता का प्रदर्शन करना लाजमी है और एन्काउन्टर ऐसी ही विशिष्ट योग्यता है।

जिस थाने पर संग्राम सिंह तैनात थे वहां का थानाध्यक्ष तेज तर्रार नवयुवक

अधिकारी था। लगभग छह साल की सेवा थी उसकी। पर अपनी बात करते हुये यह बतलाना कभी नहीं भूलता था कि वह ग्यारह बदमाशों को मार गिरा चुका है।

संग्राम सिंह जानते हैं कि मुठभेड़ों की संख्या पर गर्व केवल थानेदार ही नहीं करते। जिलों के कप्तान से लेकर परिक्षेत्र के उपमहानिरीक्षक और जोन के आई0जी0 तक अपने कार्यकाल की उपलब्धियों का बखान करते समय यह बतलाना नहीं भूलते कि उनके कार्यकाल में कितने बदमाश धराशायी हुए।

कालू उर्फ मुखिया उर्फ कप्तान उर्फ पिस्तौल उर्फ कम्पनी....।

जो जितना बड़ा बदमाश होता है, उसके उपनाम भी उतने ही अधिक होते हैं।

क्षेत्र में आतंक का पर्याय बन चुका था वह। कहा जाता है कि गांव में जमीन के विवाद में उसके पिता और भाई की हत्या हो गयी थी। अब परिवार में वह एक मात्र पुरुष बचा था। विरोधी पक्ष उसकी भी हत्या करने का कुचक्र रच रहा था जिससे जमीन की देख रेख करने वाला ही कोई न बचे और वे उस पर अपना कब्जा जमा सकें।

दोनों पक्षों के मध्य लगभग तीन पीढ़ियों से आपसी रंजिश चल रही थी। अब तक दोनों ओर से सात हत्यायें हो चुकी थीं। पुलिस को इस रंजिश की पूरी जानकारी थी। लगभग हमेशा ही दोनों पक्ष के लोग निरोधात्मक कार्रवाई में पाबंद रहते। किन्तु वह निहायत लचर और नाकाफी साबित होता। जिसके हत्थे जो चढ़ जाता, वही उसका सफाया कर देता। अक्सर दोनों पक्षों के सदस्यों को धारा 107ए 116 या दफा 151 जाब्ता फौजदारी में गिरफ्तार किया जाता और उसी शाम या अगले दिन वे सभी एक दूसरे को ललकारते नजर आते।

...संग्राम सिंह को लगता है कि इस प्रकार की घटनाओं की रोकथाम के लिये कानून कितना लचर और कमजोर है। शांति भंग के आरोप में मुचलकों पर पाबंदी या जुर्म की संभावना पर गिरफतारी...। दोनों ही दशाओं में अपराधी को केवल कुछ ही समय के लिये बंद रखा जा सकता है। नतीजतन दोनों पक्ष बदले की कार्रवाई के लिये अपने को पूरी तरह स्वतंत्र महसूस करते हैं।

विवादों के चलते हुयी किसी भी घटना का खामियाजा अक्सर स्थानीय पुलिस को भुगतना पड़ता है। किसी न किसी की बलि चढ़ ही जाती है- कभी हलके के सिपाही या हैड तो कभी दरोगा और थानाप्रभारी तक...। अब यह नौबत आला अफसरों तक आ जाती है। डिप्टी और कप्तान पर भी गाज गिरने की संभावना रहती है। इस सबको जानने , समझने के बावजूद पुलिस प्रभावी कार्रवाई करने में लाचार अनुभव करती है। इसीलिए वे  कागजी कार्रवाई पूरी करने में जरूर सतर्क रहते हैं।

कालू हत्या और डकैती के लगभग दस मुकदमों में वांछित था। वैसे भी अब उस थाने में डकैती की कोई भी घटना होती तो उसमे कालू का ही हाथ माना जाता। उसके नाम जुर्म की एक लम्बी फेहरिस्त बनती चली गयी।

कालू की गिरफ्तारी के लिये काफी प्रयास किये गये। सब तरह के हथकण्डे अपनाये गये। मुखबिरों को लगाया गया, जिन गांवों में उसकी रिश्तेदारी थी, उन पर निगरानी रखी गई, दो-तीन औरतें जिनसे उसके नाजायज सम्बंध होने की चर्चा थी, पर भी नजर रखी गई। पर सालों साल वह पुलिस की गिरफ्त से बाहर रहने में सफल रहा।

कालू जाति से कुर्मी था और आम धारणा थी कि स्थानीय कुर्मी नेताओं का पूरा संरक्षण उसे प्राप्त था। यह भी सुनने में आता था कि थाने में तैनात कुछेक सजातीय कर्मचारी भी उसे प्रत्यक्ष-अप्रत्यक्ष सहयोग अथवा संरक्षण प्रदान करते थे।

कि तभी जिले में एन्काउन्टर विशेषज्ञ पुलिस अधीक्षक तैनात हो गये। उन्हीं दिनों पुलिस में 'टाप टेन' का भी प्रचलन आरम्भ हुआ। पुलिस के हर काम काज में टाप टेन की अवधारणा घर कर गयी। टाप टैन अपराधी, टाप टैन मुकदमें, टाप टैन लम्बित विवेचनायें आदि आदि...।

कालू का नाम टाप टैन में आना ही था। इसलिये संग्राम सिंह के नवयुवक थानेदार का टास्क निर्धारित हो गया।

थानेदार ने कालू के बारे में उपलब्ध रिकार्ड का अध्ययन किया। संग्राम सिंह जो उस समय एक नवयुवक आरक्षी थे, को सुरागरसी और सूचनायें एकत्र करने के लिये भेजा गया। गांव में बूढ़ी मां के अलावा दो बहनें थीं। एक बहन किसी और गांव में ब्याही थी। सुना जाता था कि अब कालू गांव में आता ही नहीं है। इसलिये उसके पकड़े जाने की संभावना भी अत्यंत कम थी। चर्चा तो यह भी थी कि वह स्वयं डकैती डालने नहीं जाता और ये काम उसके गैंग के अन्य सदस्य अंजाम देते हैं। हां, हत्या करने में वह बढ़-चढ़ कर हिस्सा लेता था।

गांव में पिछले डेढ़ साल से कोई घटना भी नहीं हुई थी और सब जानते थे कि जब तक उसके घर-परिवार में कोई अनहोनी नहीं होगी, वह गांव में आने का जोखिम नहीं उठायेगा।

एक रात कालू की मां गांव से गायब हो गई। कहां गई, कैसे गई, कौन ले गया, किस के साथ गई..., किसी को पता ही नहीं चला। सुबह हल्ला मचा कि कालू की महतारी गायब है। कालू की बहनों ने खेत-खलिहान में ढूंढा, काफी शोर-शराबा भी किया, आस पास से अपने रिश्तेदारों को भी जमा किया पर बूढ़ी का कोई पता नहीं चला। उन्हें क्या सभी को लगता था कि विरोधीपक्ष द्वारा यह चाल चली गयी है। अपने बेटे के आतंक के बल पर वह खेती का काम काज सम्हालने में सफल थी। शायद इसीलिये उसका खात्मा करना जरूरी था।

गांव का एक आदमी थाने पर इसकी इत्तिला करने पहुंच गया और हैरत की बात यह कि पुलिस ने उसकी रपट बिना हीला हवाली के दर्ज कर ली। गुमशुदगी की रपट दर्ज कर दरयाफ्तहाल चालू कर दी गयी। वैसे इसे लिखने में पुलिस अमूमन

आनाकानी भी नहीं करती है क्योंकि यह अपराध नम्बर पर दर्ज नहीं की जाती। इसलिये आकड़ों के हिसाब से इससे अपराध नहीं बढ़ता। सच तो यह है कि हत्या के काफी मामले दरयाफ्तहाल के रूप में दर्ज होकर अपनी इतिश्री को प्राप्त कर जाते हैं।

जैसी उम्मीद थी, रपट में विरोधी पक्ष पर ही संदेह व्यक्त किया गया था। तत्परता से कार्रवाई करते हुये पुलिस ने संदिग्ध सभी व्यक्तियों को थाने पर बुलवा लिया और कई दिनों तक बंद रखा। पूछताछ का दौर चलता रहा।

दूसरी ओर थानेदार ने थाने में तैनात दो कुर्मी आरक्षियों को क्षेत्र के कुछ प्रभावशाली कुर्मी लोगों के पास भेजा जिसका मकसद कालू की टोह लेना था। मुखबिरों को सतर्क कर दिया गया। थानेदार जानता था कि इस खबर को सुनकर कालू गांव अवश्य आयेगा।

यह भी व्यवस्था की गयी कि गांव की सब खबरें कालू तक अवश्य पहुंचे। यह कठिन नहीं था। उसके घरवाले और मित्र, जिनके कालू के सम्पर्क में रहने की खबर थी, को वे सब सूचनायें भी दी गयीं जिन्हें अक्सर छुपाया जाता है। विरोधियों से पूछताछ की कुछ काल्पनिक बातें उन तक पहुंचाई गयीं, मसलन बहन को अगला निशाना बनाना, लहलहाती फसल को जला कर राख कर देने की योजना आदि....।

दूसरी तरफ के तीन आदमी अवश्य बंद थे किन्तु बाकी सभी को सतर्क कर दिया गया था जिससे कालू की खबर थानेदार को मिल सके। वैसे वे खुद भी कम चौकन्ने न थे। वे जानते थे कि कालू अपनी मां का बदला जल्दी ही लेगा।

आखिर थानाध्यक्ष की योजना कारगर साबित हुई। एक रात कालू अपनी बहन से मिलने गांव आ गया। तुरंत खबर पहुंची और थानाध्यक्ष ने दल-बल के साथ वहां पहुंच कर गांव की घेराबंदी कर ली। थानेदार, संग्राम सिंह और दोनों कुर्मी आरक्षी गांव के अंदर गये और बहन के घर को घेर लिया। संग्राम सिंह के साथ उन दोनों आरक्षियों को ले जाने का आदेश पुलिस अधीक्षक द्वारा दिया गया था। सजातीय कर्मियों को मुठभेड़ में साथ रखना एक सोची समझी रणनीति का अंग था। कई अवसरों पर यह बहुत लाभप्रद साबित होता।

बहरहाल अब कालू के बचने का कोई रास्ता नहीं था। घर के अंदर खबर पहुंचने पर बहन बाहर आकर थानाध्यक्ष के पैरों में लिपट गई, उसके जीवन रक्षा की गुहार लगाई, समर्पण का भी आश्वासन दिया। पर कालू जैसे कुख्यात अपराधी को अपनी झोली में पाकर थानेदार द्वारा उसे जीवित छोड़ देना कहां मुमकिन था।

इसी सब के बीच कालू ने भागने की कोशिश की। शायद बहन को उसने जानबूझ कर ही बाहर भेजा था। संग्राम सिंह और दोनों आरक्षी तैयार थे। गोलियों की बौछार कर दी गयी और कालू का बदन छलनी हो गया। वह वहीं ढेर हो गया।

उसके पास से एक विदेशी पिस्तौल और कुछ कारतूस बरामद हुये। हालांकि उसने कोई फायर नहीं किया था किन्तु मौके पर उसका फायर करना दिखलाया जाना लाजमी था। तभी पुलिस को आत्मरक्षार्थ गोली चला कर उसे मुठभेड़ में मार गिराने का अधिकार मिलता। पिस्तौल को सील बंद किया जाना था पर उससे पहले थानेदार ने उसकी पिस्तौल से तीन फायर किये जिससे परीक्षण में पुलिस की कहानी सही साबित हो सके। संग्राम सिंह के कंधे के पास से कारतूस की घिसटती चोट बनाकर मेडीकल भी कराया गया।

पूरा गांव क्या, समूचा क्षेत्र इस मुठभेड़ से उल्लसित था। अखबारों ने इस मुठभेड़ का बढ़ चढ़ कर विवरण प्रकाशित किया। कालू की लाश के पीछे खड़े पुलिस दल का चित्र लगभग सभी अखबारों में छपा। थानाध्यक्ष और संग्राम सिंह के अलग से भी फोटो प्रकाशित हुये। डिप्टी से लेकर कप्तान और डी0आई0जी तक ने घटना स्थल का निरीक्षण किया और सभी को शाबासी दी। कस्बे में एक सम्मान कार्यक्रम आयोजित हुआ और उसी में संग्राम सिंह को हैड कान्सटेबिल के पद पर प्रोन्नति देने की घोषणा की गयी। वीरता पदक की अनुशंसा अलग से भारत सरकार को भेजी गई।

लगभग छह माह बाद भारत सरकार से संग्राम सिंह और थानाध्यक्ष को वीरता का पदक देने की स्वीकृति प्राप्त हो गई।

...कालू की मां न कभी वापिस लौटी और न ही कभी उसकी लाश बरामद हुयी।

...थाने पर गुमशुदगी की जांच कुछ समय बाद बंद कर दी गई।

...न किसी जन प्रतिनिधि ने उसके बारे में कोई पूछताछ की और न ही किसी अखबार ने इस बाबत कोई खबर छापी।

...शक और अफवाहों का साया कुछ समय तक चारों ओर मंडराता रहा और फिर ओझल हो गया ।

# - चार -

अगले दिन शाम तक संग्राम सिंह थाने लौटे हैं - पस्त और थके हुये ...। कल पूरी रात सोने को कहां मिला। थानेदार के जाने के बाद रमेसर और उसके घर वालों से उन्होंने देर तक बातचीत की। रमेसर के घायल माता -पिता कस्बे के स्वास्थ्य केंद्र में भर्ती हैं। दोनों की ही हालत खराब बतलायी गयी है। ...डकैती और मां बाप की नाजुक दशा...। शोक के साये ने पूरे घर को अपनी गिरफ्त में ले रखा है। निर्धन और विपन्न घर पर भी उजाड़ कैसा निर्मम दिखता है, रमेसर के घर का नजारा देखकर ही समझा जा सकता है।

...कभी औरतों का विलाप सुनायी देता है तो कभी बच्चों का क्रंदन...।

श्रीराम के चेहरे पर जमी झुंझलाहट साफ-साफ देखी जा सकती है । सुबह से चाय बिस्कुट के अलावा खाने को मिला ही क्या है। हालांकि रात्रि भोज का प्रबंध प्रधान ने कर दिया है।

'ये ससुरे बच्चे क्यों गला फाड़ रहे हैं...?' ऊब और खीझ भरे स्वर में श्रीराम कहता है, 'औरतों का रोना तो समझ में आता है।'

संग्राम सिंह मन ही मन हंस पड़े हैं।

'तुम्हारी तो शादी हो गयी भाई...?'

'हां उस्ताद, पर बच्चे नहीं हैं...।' श्रीराम मुस्करा कर उत्तर देता है।

'तो पहली बात तो यह कि जब मां रोती है तो बच्चा अपने आप रोता है...।'

'क्या सचमुच दीवान जी..?'

'हां भई...।'

'और दूसरी बात...?' केवल राम ने पूछा है।

'और दूसरी बात यह..,' संग्राम सिंह ने एक लम्बी सांस ली है, 'कि इस गरीब के घर आज धुआं उठता दिखलायी दिया क्या? चूल्हा ठंडा पड़ा है। बच्चे भूखे होंगे...।'

केवल राम और श्रीराम एक दूसरे का चेहरा देखने लगे हैं। संग्राम सिंह की यह संवेदनशीलता उनके साथियों पर अपना प्रभाव डाले बिना नहीं रहती है। इसीलिये तो तमाम मतभेदों और वैचारिक टकराहट के बावजूद थाने के अधिकांश कर्मचारियों में उनके लिये सम्मान अवश्य है।

'देखो, रमेसर जैसों के पास होता ही क्या है। किसी तरह दो जून की रोटी का जुगाड़ बिठाते हैं। लड़की की शादी के लिये इस गरीब ने कैसे-कैसे क्या खरीदा, जमा किया होगा, इसका अहसास हमें तुम्हें नहीं हो सकता।'

माहौल में गम्भीरता आ गयी है। श्रीराम और केवल राम के चेहरों पर दर्द और सहानुभूति की प्रतिच्छाया नजर आ रही है।

'उस्ताद, कितना माल गया होगा..?' श्रीराम ने पूछा है।

'यही कोई दो ,ढाई हजार का...।'

'बस्स...।'

'बस...।' विद्रूप भरे चेहरे के साथ संग्राम सिंह हंस दिये हैं, 'हम लोगों की यही सबसे बड़ी दिक्कत है। हर किसी का नुकसान अपनी हैसियत से तौलते हैं या फिर बड़े-बड़े मामलों को देखते-देखते छोटे मामले मखौल लगने लगते हैं। थाने पर लूट और डकैती लिखने के बाद सायकिल चोरी या छोटी मोटी चोरी की रपट एकदम मजाक लगती है। ठीक वैसे ही जैसे जो डाक्टर रोज बड़े आपरेशन करता है, उसे ऊंगुली या अंगूठे की चोट या मामूली घाव का दर्द मजाक लगता है। पर जिसको पीर होती है वही जानता है कि बदन के किसी भी हिस्से की चोट कितना सालती है। एक गरीब की सायकिल या भैंस चोरी उसकी जिन्दगी का बहुत बड़ा झटका साबित हो सकती है जिससे उबरने में उसे सालों लगें।'

संग्राम सिंह ने एक लम्बी सांस ली है और अपनी बातों का सार्थक प्रभाव देखकर कहने लगे, 'अब इस रमेसर को ले लो। इसकी लौंडिया की शादी अब एकाध साल तो हो नहीं पायेगी । पता नहीं कैसे-कैसे इसने दो-चार सामान जोड़े होंगे।'

शायद पहली बार श्रीराम और केवल राम संग्राम सिंह के वक्तव्य का विरोध करने का साहस नहीं कर सके। श्रीराम शहर का निवासी है, खाते पीते परिवार का है। पुलिस में आने के बाद पहली बार ग्रामीण जीवन से रूबरू हुआ है। पर केवल राम एक निर्धन, अनुसूचित जाति के मेहतर परिवार का सदस्य है। आज भी उसके पिता गांव में मैला ढोने का काम करते है। गांव में सेवानिवृति के बाद आये एक पुलिस अधिकारी की कृपा से वह कक्षा दस तक शिक्षा ग्रहण कर सका। और एक बार जब आरक्षित वर्ग के लिये विशेष भर्ती अभियान चला तो पुलिस में भर्ती हो गया वह। घोर विपन्नता और आर्थिक संकट के दिन देखे हैं उसने। वो दर्द उसकी आंखों में उतर आया है।

'उस्ताद..,' श्रीराम ने बात बदलनी चाही, 'पर ऐसे लोगों के यहां वारदात करके बदमाशों को मिलता क्या है? दो-ढाई हजार के सामान के उन्हें मुश्किल से हजार, बारह सौ मिलेंगे और उसका चार-छह आदमियों में हिस्सा बांट...।'

'बहुत अच्छा सवाल पूछा है तुमने...।' संग्राम सिंह के चेहरे पर हल्की सी मुस्कान उतर आयी है, 'इसीलिये न हर वारदात के पीछे कोई न कोई मकसद देखा जाना चाहिये। मकसद से रंजिश की जानकारी होती है और रंजिश की तहकीकात करने से ही वारदात खुलती भी है।'

'इसीलिये दरोगा जी वो सब सवाल पूछ रहे थे।'

'यकीकन...। ये सवाल निहायत जरूरी हैं। पर मुद्दई से बड़ी तसल्ली और प्यार से बात करनी चाहिये। वो तो वैसे ही तकलीफ में होता है और हमारे टेढ़े-मेड़े सवाल उसके जख्मों को और हरा कर जाते हैं।'

'पर उस्ताद, सवाल तो सवाल हैं। अच्छे- बुरे, उल्टे-सीधे सब पूछने ही पड़ते हैं।' केवल राम ने कहा है।

'पर पूछने का ढंग ऐसा हो कि मुद्दई को उलझन न हो। उसके मन को क्लेश न हेा। खास तौर पर औरत, बच्चों के चाल चलन के बारे में सवालों को लेकर बहुत एहतियात बरतने की जरूरत है। गरीब से गरीब आदमी भी यह सुनना पसन्द नहीं करता कि उसके बाल बच्चों का चाल चलन खराब है।'

दोनों सिपाही शांत रहे। इसमें किसी बहस की जरूरत ही कहां है भला। ऐसे अवसरों पर संग्राम सिंह की वरिष्ठता और अनुभव उन पर हावी होना स्वाभाविक है।

'अच्छी तरह पूछताछ करने से मुद्दई की पूरी मदद पुलिस को मिलती है और किसी भी वारदात को खोलने के लिये यह निहायत जरूरी है।'

संग्राम सिंह ने जैसे अपनी बात पूरी कर दी है पर कुछ ही देर बाद जैसे कुछ सोच कर बोले वह, 'और आखिरी बात यह कि वारदात खुले न खुले, माल मुल्जिम का पता चले न चले पर अगर मुद्दई से हमारा सुलूक अच्छा रहा है तो वह पुलिस की हमेशा तारीफ करेगा, कभी शिकायत नहीं करेगा...। मसल है न कि गुड़ न दो, गुड़ जैसी बात जरूर करो...।' कहकर संग्राम सिंह जोर से हंस दिये हैं।

भोजन से निवृत होकर संग्राम सिंह रमेसर के घर आ गये हैं। एक तो रमेसर से बात करके डकैती की सुरागरसी करना था, दूसरे उसके घर की सुरक्षा...। इस प्रकार की सनसनीखेज घटना के बाद पीड़ित परिवार की सुरक्षा के लिये पुलिस टुकड़ी तैनात करने के आदेश हैं। हालांकि वह बखूबी जानते हैं कि अमूमन अपराधी दोबारा जुर्म करने का साहस नहीं करता जब तक कि दोनों पक्षों के मध्य कोई पुरानी रंजिश न हो।

रमेसर से बातचीत का लम्बा दौर चला। इस बीच साथ के दोनों सिपाहियों को उन्होंने बारी-बारी सोने की भी इजाजत दे दी। आस पास के चौकीदारों को भी बुलवा लिया है और उनसे भी संदिग्ध लोगों के बारे में दरयाफ्त कर रहे हैं। चौकीदारों को थोड़ा हड़काया भी, 'रात भर सोने के लिये चौकीदार नहीं बने हो।

बदमाश हवा में उड़ कर नहीं आते। तुम्हीं लोगों के गांवों और मजरों से आते जाते हैं। थोड़ी बहुत भी निगरानी करोगे तो अव्वल तो बदमाशों की इस तरह खुलेआम घूमने की हिम्मत ही नहीं होगी और गर घूमेंगे तो तुम्हें खबर जरूर होगी।'

वहां मौजूद चौकीदार सिर नीचा किये बैठे हैं। एक को छोड़ कर लगभग सभी साठ साल से उपर हैं। केवल सुल्तान अभी तीन वर्ष पूर्व अपने पिता के निधन के बाद चौकीदार बना है। सभी चौकीदार लम्बे अर्से से ये काम कर रहे हैं। वे अपने फर्ज को अच्छी तरह समझते हैं। अपराध होने पर थाने पर इसकी इत्तिला करना, हिस्ट्रीशीटर्स और संदिग्ध लोगों पर निगरानी, गांव के झगड़े, झंझटों की थाने पर खबर और महीने में दो बार थाने पर हाजिरी ...।

'उस्ताद...।' चौकीदारों की ओर से केवल सुल्तान ही बोला था। वह तेज तर्रार नवयुवक था और दसवीं पास करने के बाद दो बार प्रयास करने के बावजूद जब पुलिस में भर्ती न हो सका तो चौकीदार बन कर ही उसे संतोष करना पड़ा। हालांकि चौकीदारी कोई पक्की नौकरी नहीं है। उन्हें कोई वेतन नहीं दिया जाता है। मेहनताना के रूप में पहले पांच रुपये और आजादी के लगभग पैंतीस सालों बाद तक उन्नीस रुपये दिया जाता था। अब बढ़ कर यह धनराशि अवश्य साढ़े तीन सौ हो गयी है।

अब्बा को रात दिन थाने और पुलिस अधिकारियों के सम्पर्क में देखा था। कप्तान के दो प्रशस्ति पत्र भी अब्बा बड़े नाज से दिखलाया करते थे। उसे ही नहीं, उसके अब्बा को भी पूरा विश्वास था कि उसे अपनी सेवा का फल अवश्य मिलेगा। किन्तु ऐसा न हो सका। जिला पुलिस मुखिया ने उससे मिलने तक से मना कर दिया। जिस थाने पर वह महीने में दो बार के बजाये चार बार हाजिरी देता था, वहां की झाडू बुहारू करता था, सौदा सुलफ लाता था, वहीं के थानेदार ने उसे बुरी तरह डंपट दिया, 'चौकीदार के बच्चे सिपाहियाना का ख्वाब देखेंगे तो पुलिस वालों के बच्चे कहां जायेंगे ...।'

अब्बा बतलाया करते थे कि ब्रितानी हुकूमत में पुलिस महकमे में मुसलमानों की भरमार थी। नामी-गिरामी शहर कोतवाल अधिक्तर मुसलमान ही होते थे। पुलिस के वरिष्ठ अधिकारी भी मुसलमानों की खिदमत और वफादारी के कायल थे। पर आजादी के बाद स्थिति में बदलाव नजर आने लगा। शायद यह कथित 'मुसलमानों का देश' पाकिस्तान बनने का ही परिणाम था। पुलिस में मुसलमानों की भर्ती कम होती गयी। संभवतः दोनों ओर ही एक दूसरे के प्रति अविश्वास बढ़ा था।

'उस्ताद...,' सुल्तान ने कहा, 'गांव में कोई चौकीदार की बात सुनता तो है नहीं। किसी से कुछ कहो तो उल्टा बुरा भला और कहते हैं...।'

'मैं समझा नहीं बरखुरदार...।' संग्राम सिंह ने पूछा।

'मतलब यह कि अब किसका किससे तार जुड़ा है, पता ही नहीं चलता। कोई खबर छिपती ही नहीं। जिसकी शिकायत करो, वही अगले दिन धमकाने आ जाता है।'

संग्राम सिंह का मन चाहा कि वह भी सुल्तान की पीड़ा का समर्थन करें। वह इससे अनभिज्ञ भी नहीं हैं। साथ के सिपाही अक्सर यह शिकायत करते हैं। किसी कार्रवाई से पहले पचास बार सोचते हैं। हर मामले में फूंक -फूंक कर कदम रखते हैं। पिछले दिनों एक सिपाही ने एक पंचायत सदस्य के लड़के को तमंचे के साथ रंगे हाथों पकड़ा था। तीसरे दिन ही उसका लाइन हाजिरी का आदेश प्राप्त हो गया क्योंकि डिप्टी साहब ने अपनी जांच में इसे फर्जी बरामदगी करार दिया। जब सिपाही उनके सामने रोने-धोने लगा तो समझाने लगे उसे, 'वक्त की नजाकत को समझा करो। तुम्हें बचाने की पूरी कोशिश की है। एकाध हफ्ते लाइन में रहो फिर मनचाही पोस्टिंग करा दूंगा। पूरी पार्टी तुम्हारे पीछे पड़ी है। यह पंचायत सदस्य एमपी साहब का खास आदमी है। अभी सस्ते में निबट रहो हो वरना वर्दी उतरने की नौबत आ सकती है।'

सच को जानने, समझने के बावजूद संग्राम सिंह जानते हैं कि प्रशासन में अपने अधीनस्थों की हौसला अफजाई जरूरी है। वैसे भी चौकीदारों की पीड़ा कोई नई नहीं है। पुराने समय में इस पद के साथ भी खासी प्रतिष्ठा जुड़ी हुयी थी क्योंकि चौकीदार का सीधा सम्पर्क स्थानीय पुलिस से रहता है। उनकी जरा सी चुगली या शिकायत अच्छों-अच्छों को भारी पड़ जाती थी और इज्जत तक दांव पर लग जाती थी। इसीलिये कई अच्छे परिवार के सदस्य भी चौकीदार बनने में गुरेज नहीं करते थे। इससे उन्हें गांव में रुतबा मिलता, कुछेक सुविधायें मिलतीं, आपराधिक तत्वों पर दबदबा बना रहता और गांव के अन्य लोग भी उनका पूरा ख्याल रखते। खास बात यह थी कि वह गांव में शासन का एकमात्र प्रतिनिधि बन कर रहता था।

'देखो सुल्तान, हालात कैसी भी क्यों न हो, हमें अपना काम करना ही है। चौकीदार ही क्यों, अब सिपाही, दरोगा की हालत भी कम बुरी नहीं है। पर क्या करें, काम तो करना ही है।' संग्राम सिंह ने धीमे स्वर में कहा।

संग्राम सिंह को याद है कि नौकरी के शुरुआती सालों में गांव की किसी समस्या को सुलझाने के लिये थाने के एक सिपाही का जाना ही काफी था। उसके पहुंचने भर से पूरे गांव में हड़कम्प मच जाता था। नामी-गिरामी अपराधी गांव छोड़ कर भाग जाते थे। गांव में किसकी मजाल कि सिपाही द्वारा दिये गये किसी फैसले का प्रतिवाद करे। अब उन समस्याओं को सुलझाने में दरोगा तक असफल हैं। कम से कम थाना प्रभारी का हस्तक्षेप अनिवार्य है। जो मामले सिपाही के तौर पर संग्राम सिंह सुलझा देते थे, उनके लिये अब डिप्टी साहब गांव-गांव की धूल फांकते

रहते हैं।

'उस्ताद, आपने ठीक फरमाया है।' सुल्तान ने कहा,' काम तो करना ही है पर कम से कम महकमे के लोग तो एक दूसरे का साथ दें। '

'वो तो देते ही हैं। महकमे में आपसी मदद से ही पुलिस चल रही है वरना नेता, पत्रकार, वकील, जज, मास्टर, व्यापारी, मुअज्जिज लोग, गरज यह कि सभी लोग तो पुलिस की मुखालिफत करते हैं।'

कुछ चौकीदारों ने उसकी ओर देखा किन्तु उसका नीचा मुंह देख कर समझ गये कि शायद अब वह बात आगे नहीं बढ़ायेगा। उनकी दिलचस्पी इस तरह की बहस में कतई नहीं है। अधिक्तर चौकीदार अपनी सीमित भूमिका के बारे में बखूबी जानते हैं और इस तरह के बहस को फिजूल और महकमे के उसूलों के विरुद्ध मानते हैं। दावे कोई कितने भी करे पर सच से मुठभेड़ तो कड़ुवी ही होती है। पिछले तीन साल से उन्हें वर्दी की एक भी चीज नहीं मिली। पहले सुल्तान अक्सर इसकी शिकायत करता था पर अब चुप रहता है। वर्दी के नाम पर साफा, कोट, और पेटी ही तो मिलती है। वही उसकी पहचान भी है। पर न जाने कितने चौकीदार इस पहचान से वंचित हैं।

संग्राम सिंह को लगता है कि चौकीदारों के लिये पहचान का वास्तविक संकट आन खड़ा हुआ है।

रोजनामचे में थानेदार की वापसी अभी नहीं हुई है। अधिकारिक तौर पर वह तफतीश में मुब्तिला है। थाने का चार्ज उन पर न होने के कारण उनकी अनुपस्थिति में हो रही किसी भी कार्यवाही के लिए वह जिम्मेदार नहीं है। हालांकि रात में वह अपने आवास पर ही मौजूद थे। इस बहाने एक दिन का आराम मिल गया है। कप्तान साहब को घटना की सूचना मिल गई है। दो बार वायरलैस से बात करने का संदेश आ चुका है पर वह तो 'मौका-ए-वारदात' पर हैं। संग्राम सिंह को वह समय भी याद है जब ऐसी वारदातों पर थानाध्यक्ष तो क्या, डिप्टी लोग भी दो-तीन दिन तक घटनास्थल पर जमे रहते थे। थाने क्या, पूरे क्षेत्र की पुलिस रात-दिन दौड़ती थी। पूछताछ के लम्बे दौर चलते थे। क्षेत्र के सारे बदमाशों की कयामत सी आ जाती थी।

पिछले दो दिनों से संग्राम सिंह गांव व आसपास के क्षेत्रों में सुरागरसी कर रहे हैं। संग्राम सिंह का लम्बा अनुभव कहता है कि हर जुर्म के पीछे कोई मकसद जरूर होता है। लड़की के विवाह की जानकारी तो सार्वजनिक थी किन्तु उसके लिये चल रही खरीदारी की जानकारी परिवार के सदस्यों, करीबी रिश्तेदारों और मित्रें को थी। संदेह रमेसर के लड़के के मित्रें पर जाता था। रोज आने वाला एक मित्र घटना के बाद न केवल मिलने ही नहीं आया, बल्कि अपने घर से भी लापता है। घरवाले

भी सही जानकारी नहीं दे रहे हैं। लड़के के चाल-चलन की भी शिकायतें सुनी गयी हैं । ऐसे में एक ही रास्ता था कि परिवार के किसी सदस्य को थाने में रखा जाये जिससे लड़के की मौजूदगी के लिए दवाब बन सके।

श्रीराम इसके लिए राजी नहीं है ।

'दीवान जी, घरवालों को लेकर चलने से क्या फायदा ? किसी ने शिकायत कर दी तो.....?'

'अरे शिकायत के डर से क्या अपना काम नहीं करोगे। लड़के पर शक है तो उसे बुलाने के लिए कोई न कोई रास्ता तो निकालेना ही पड़ेगा।' संग्राम सिंह ने झुंझलाकर कहा है।

'दीवानजी, यह सब पुराने जमाने की बातें हैं। आज कल यह सब कहां चलता है। नये-नये कानून बन गये हैं। एक डंडा तो आप मार नहीं सकते। फिर घरवालों को हम किस कानून के तहत बंद कर सकते हैं?' श्रीराम ने पूरी गंभीरता के साथ पूछा है।

'बंद कहां कर रहे हैं ? थाने में रखेंगे। जब लड़का मिल जायेगा, छोड़ देंगे... ।'

'पर यह तो गैरकानूनी है। आज जरा-जरा सी बातों में तो मानवाधिकार पीछे पड़ जाता है। हमारी क्या बिसात, बड़े-बड़े अधिकारी जेल जा रहे हैं और जमानत तक नहीं हो पाती.... ।' उसके स्वर में संग्राम सिंह की अज्ञानता के प्रति उपेक्षा व उपहास के भाव है।

'तुम लोग भी बेकार की बातें सोचते हो। इस तरह काम कहां चलता है? केस नहीं खुलेगा तब भी तो जवाबदेही होगी.... ।'

'दीवान जी, वो ठीक है... । बहुत होगा तो थोड़ी बहुत सजा ही तो मिलेगी। आठ-दस दिन की दलेल और ज्यादा हुआ तो अमालनामे में एक बैड एन्ट्री। जेल तो नहीं जाना पड़ेगा.... ।'

'अभी से इत्ता डरोगे तो पुलिस की नौकरी नहीं चल पाएगी। कोई कुछ भी कहे, काम तो अपने हिसाब से करना पड़ता है। भइया, हम तो पुराने सिपाही हैं। पुराने ढ़ंग से काम करते आए हैं। उसी से काम भी चला है। और हां, आज भी बात चाहें जो कर ले, चाहते लोग वही सब है।' संग्राम सिंह ने समझाने के अंदाज में कहा और धीरे से मुस्करा दिए हैं।

'अब यह तो आप हमसे बेहतर जानते होंगे। आपने इतनी दुनिया देखी है पर यह बतलाइये हमारी बात गलत कहां है?' एकाएक श्रीराम की नजरों में संग्राम सिंह के लिए सम्मान दिखलाई दिया है।

'हो सकता है गलत न हो। पर हमें तो रंगरूटी के जमाने से यही सिखलाया

गया कि जुर्म पर हर हालात में पुलिस की पकड़ बनी रहनी चाहिए, उसके लिए चाहे कुछ भी क्यों न करना पड़े। पुलिस बनी ही इसीलिए है और समाज भी हमसे यही चाहता है....।'

' उस्ताद, मुझे तो समझ में नहीं आता कि समाज हमसे क्या चाहता है। जुर्म हों तो पुलिस की हाय हाय होती है और मुठभेड़ में बदमाश मार दो, तो भी आप जेल जा सकते हैं। तब भी जनता हमारा विरोध करती है। क्यों...? अभी पिछते हफ्ते दो नकबजनों को मार पीट के आरोप में बाजार चौकी का घेराव तो आपको पता ही है....। पूरी चौकी लाइन हाजिर हुई।'

'हां भाई, यह बदलाव तो सममुच आया है। पहले यह सब बवाल नहीं था। पुलिस का काम जुर्म पर काबू पाना है तो फिर यह बेमानी है कि पुलिस यह काम कैसे करती है....।'

'वो आपका जमाना था। आज तो साधन भी उतने ही अहम हो गये हैं। काम कितना अच्छा भले ही क्यों न हो, अगर उसे अंजाम गलत रास्ते से किया गया है तो समझ लीजिए आप फंस गये....।'

'पर इससे डर कर भी तो काम नहीं चलता। बिना सख्त कार्रवाई के जुर्म कहां कंट्रोल हुआ है। हम तो वैसे भी नाख्वान्दा है। डंडा ही हमारा हथियार है, वही हमारा कानून। हमें तो ये नई बातें समझ में नहीं आती है।'

अब श्रीराम शांत है। इस प्रकार के विवाद में अक्सर संग्राम सिंह का अनुभव व उनकी उपलब्धियां हावी हो जाती हैं। नए कर्मचारी तब सम्मानवश उनके निर्देशों का पालन करते हैं।

आज भी श्रीराम के साथ ऐसा ही हुआ है। नतीजतन उसके विरोध के बावजूद संदिग्ध लड़के के पिता को संग्राम सिंह थाने ले लाये हैं। उसे थाना कार्यालय में बिठा दिया है। कार्यालय में तैनात स्टाफ उसकी जिम्मेदारी लेने को तैयार नहीं हैं।

'दीवान जी, इसे क्यों ले आये? कहां रखेंगे? ससुरी कोई उन्नीस बात हो गई तो गले पड़ जायेगा।' महेंद्र मुंशी ने कहा है।

'महेन्दर, मैं कौन सा इसे यूं ही ले आया हूं। बड़े दरोगा जी इससे पूछताछ कर लें, फिर वापस भेज दिया जायेगा । अपने लौंडे के बारे में यही तो बतलायेगा।' थाना स्टाफ के ऐसे नजरिये पर अंदर ही अंदर बड़ा आहत अनुभव करते हैं संग्राम सिंह।

महेन्द्र मुंशी खामोश हो गया है। जानता है कि संग्राम सिंह से बहस करने का कोई लाभ नहीं है।

उस आदमी को वहीं छोड़ कर वह बैरक में लौटे ही हैं कि थानेदार का बुलावा आ गया।

'दीवान जी, इस बूढ़े को क्यों पकड़ लाये?'

'पकड़ा कहां है, बस थोड़ा जोर देने के लिए यहां बैठा लिया है। अपने लड़के के बारे में सही-सही बतलाता ही नहीं है...।'

'पर दीवान जी, इस तरह थाने पर रखना भी तो मुनासिब नहीं है। किसी ने शिकायत कर दी तो....।' थानेदार के चेहरे पर परेशानी झलक रही है।

'कैसी शिकायत, साहब? इसके साथ कोई बदसलूकी नहीं की जा रही है।'

'अरे भाई, थाने पर लाकर बैठा लेना तो सबसे बड़ा जुर्म है। अब तो इस पर तीन सौ बयालिस का मुकदमा चट्ट से कायम हो जाता है....। आपको पता है, दोपहर से वह हरामी प्रधान इसकी औरत और रिश्तेदारों को लेकर यहां घूम रहा है। विधायक जी का भी फोन आ लिया है....।'

'मगर कब? मैं तो अभी थाने पहुंचा ही हूं....।'

'दीवानजी, आपके थाने पहुंचने के तीन चार घंटे पहले ही मुझे खबर हो गई थी। अभी वो साला पत्रकार त्रिपाठी फोन पर पूछ रहा था कि सर सुना है रमपुरा की डकैती में कोई गिरफ्तारी हुई है। हरामी केस वर्क आउट होने पर मुबारकवाद दे रहा था। बड़ी मुश्किल से उसे समझाया बुझाया है। इस मुसीबत को छोड़ो....।'

'जैसा आपका हुकुम....।' बुझे स्वर में कहा है उन्होंने।

'और हां, इसे यहां ऐसे ही मत छोड़ देना। साला बाहर निकल कर कोई हंगामा न करे। वैसे भी आपको पता है, थाने पर कुछ नेता, पत्रकार हमेशा नजर रखते हैं। बाहर निकलते हुए किसी के हाथ में पड़ गया तो मामला बेवजह तूल पकड़ लेगा। ड्रायवर से कह कर इसे गाड़ी से घर छुड़वा दो....।'

'जी साहब....।' संग्राम सिंह वापिस लौट आये हैं।

उस आदमी को घर भेजने की इंतजाम कर दिया गया है। संग्राम सिंह बड़े खिन्न हैं। ऐसे में एक अजीब सा पशोपेश उन्हें जकड़ लेता है। ऐसा नहीं है कि थाने पर संदिग्ध रखे नहीं जाते, या उनसे पूछताछ नहीं की जाती। पर हां, अब ऐसे मामलों का चयन बड़ी सावधानी व सतर्कता से किया जाता है। विभिन्न पक्षों व पहलुओं को ध्यान में रखा जाता है। हर मामले में नए मापदण्ड बना लिए जाते हैं। संग्राम सिंह इसे समझने में ही नाकाम हैं।

थोड़ी देर बाद ग्राम प्रधान और कस्बे के देशी शराब का ठेकेदार थानाध्यक्ष आवास से बाहर निकल रहे हैं। संग्राम सिंह को समझते देर नहीं लगी कि उस आदमी को छुड़वाने के पीछे क्या कारण रहे हैं।

'मैं तो मना कर रहा था कि इसे मत लेकर चलो...। अब गांव में क्या मुंह दिखायेंगे?' बैरिक में पास लेटा श्रीराम तैश भरे स्वर में कहता है।

'भइया,' संग्राम सिंह ने अपने को संयत कर लिया है,' पुलिस में ऊंच-नीच

चलती रहती है। इसकी भी आदत डाल लो। कभी वाह-वाह तो अगले ही दिन हाय-हाय..।'

'मैं जानता था कि इसे थाने से फौरन छोड़ दिया जायेगा। आजकल कौन रिस्क लेने को तैयार है...।'

एकाएक संग्राम सिंह ने कोई उत्तर नहीं दिया पर वह धीरे से मुस्करा दिये हैं।

श्रीराम उनके हाव-भाव पर हैरत में है। कभी संग्राम सिंह अपनी सरलता से चकित करते हैं तो कभी अपनी समझ व दूरंदेशी से विस्मित कर जाते हैं। कभी उसे यह भी लगता है कि संग्राम सिंह अपनी तीक्ष्णता व चतुराई पर सरलता व सहजता का आवरण लगा लेते हैं। प्रश्नों का जाल उसके चेहरे पर छा गया है और वह टकटकी बांधे संग्राम सिंह की ओर देख रहा है।

'श्रीराम, सब कुछ इतना मामूली और साफ नहीं है।' कुछ देर शांत रहने के बाद एक लम्बी सांस लेकर कहा संग्राम सिंह ने, 'बताओ उसे छुड़ाने के लिए ठेकेदार की क्या जरूरत थी....?'

'ठेकेदार तो बड़े दरोगा जी का खासमखास है। पूरा थाना जनता है कि वह उनका मुखबिर है....।'

'मुखबिर या दलाल...?'

'दोनों में कोई फर्क होता है क्या....?' बड़े नादान स्वर में पूछा है उसने।

संग्राम सिंह एक विकृत सी हंसी हंसे हैं।

'पहले तो बड़ा फर्क होता था। मुखबिर बड़ा काम करते थे। कानूनन भी मुखबिर रखे जा सकते हैं। तफतीश के पर्चों में तुमने लिखा देखा होगा कि मुखबिर मामूर किये गये....। इसका मतलब कि अदालत और कानून दोनों मुखबिर को मानते हैं....।'

'और दलाल....?'

'दलाल... होते पहले भी थे पर बहुत कम। वैसे भी पहले दलालों का चलन इतना कहां था। अब तो हर चीज़ में घुसे हैं ये।' संग्राम सिंह धीरे-धीरे हंस रहे हैं, जमीन जायदाद खरीदना बेचना तो दूर मकान किराये पर लेने तक में, तमाम महकमों में लाइसेंस बगैरा बनवाने में अब दलाल आ गये हैं। कुछ महकमों में तो बाकायदा सरकारी तौर पर भी हैं। पुलिस में अभी इस तरह तो नहीं आये हैं पर हां, एक नया तबका महकमे में जरूर पैदा हो गया है जो खुद गलत और गैरकानूनी काम करता है, पुलिस के लिए वसूलयाबी करता है और पैसे की ताकत से पत्रकार और नेता को पुलिस से मिलाकर रखता है। जहां यह घालमेल जितना जबरदस्त है, उस थाने

का काम काज उतना ही कामयाब भी....।'

'और दीवान जी, ज्यादातर थानों के बाहर बोर्ड पर मोटे-मोटे अक्षरों में लिखा होता है-दलालों का प्रवेश वर्जित है।'

'हां, लिखा तो गया है पर हिन्दुस्तान में जिस बात की मनादी होती है वही काम खूब जोर शोर से होता है। जहां मूतना मना होता है, वहां धार मारने में कुछ ज्यादा ही मजा आता है।'

अब श्रीराम जोर से हंसा है। पर संग्राम सिंह अंदर तक क्षुब्ध हैं। एकाएक उनका चेहरा सपाट हो चला है। वह बैरिक की मेहराबदार छत के किसी बिन्दु पर नज़र गड़ाए हैं।

'आप तो बड़े सीरियस हो गये....।'

'इसलिए भाई कि डकैती के मामले में इस तरह की हरकत हो तो बड़ी तकलीफ होती है। इस तरह का जुर्म तो पुलिस के लिए चुनौती है। पहले यह सोचा भी नहीं जा सकता था।' जैसे शून्य में खोए वह बोल रहे हैं।

श्रीराम जानता है कि संग्राम सिंह यह कह ही नहीं रहे, महसूस भी कर रहे हैं।

कप्तान ने घटनास्थल का निरीक्षण करने के बाद थाने पर अपराध में हुई प्रगति की समीक्षा की है। 555 की सिगरेट की डिब्बी, रजनी गंधा का सीलबंद डिब्बा और 160 तम्बाकू का पाउच मेज पर रख दिया गया है।

'रमपुरा की डकैती में क्या प्रोग्रेस है....?'

'हुजूर, कोशिश जारी है....।'

'कोशिश जारी है, आज पूरे चार दिन हो गये हैं। और आप अभी भी कोशिश की बात कर रहे हैं।'

'हुजूर, जल्दी नतीजा सामने आयेगा....।'

'पर इस वारदात में कौन सा गैंग शामिल है....?'

'सरकार नये लौंडे हैं। अभी तक किसी वारदात में लाइट में नहीं आये थे। कोई गैंग वैंग नहीं है हुजूर। वैसे यह दीवान जी सुरागरसी में लगे हुए हैं....।'

'दीवान, तुम बतलाओ...?'

'सरकार, पास के गांव के लड़के हैं। अभी नई उम्र के हैं। शिकायतकुनिन्दा के लड़के से इनमें से एक का याराना पता चला है। उसे पता था कि घर में लड़की की शादी के लिए कुछ कपड़ा, जेवर खरीदा गया है....। सो सरकार, ऐसा लगता है....।'

'अरे तो पकड़ो उसे....।'

'सरकार लगा हुआ हूं उसमें ....।'

'लगना क्या होता है। नतीजा दिखाओ....।'

'हुजूर, वारदात के दिन से ही वो लड़का अपने घर से फरार है....।'

'फरार है तो हाथ पर हाथ रख कर बैठ जाओगे...। इसी तरह पुलिस की नौकरी की है तुमने। उसके घरवाले नहीं है क्या ? क्या सब भाग गए ? मकान, जमीन जायदाद, जानवर सब गायब हो गए। तुम पुराने आदमी हो। यह बतलाने की तो जरूरत नहीं पड़नी चाहिए कि बदमाशों की गिरफ्तारी के लिये क्या-क्या हथकंडे अपनाने होते हैं....।'

'.........'

कप्तान ने सिगरेट निकाल कर होठों में लगाई है। पूरी तत्परता से थानेदार ने अपनी जेब से माचिस निकाल कर सिगरेट सुलगा दी है। इसीलिए माचिस मेज पर नहीं रखी थी।

'चुप क्यों हो, बोलो। उसके घर में कोई तो होगा ही...? उन्हें पकड़ कर क्यों नहीं रखा गया ?'

'.........'

'बताओ, कौन कौन हैं परिवार में...?'

'सरकार मां, बाप, भाई, बहन सब हैं...।'

'और आज तीन दिन हो लिये, आप कुछ नहीं कर पाये....। आपके हलके में डकैती पड़ी है और आप यहां आराम फरमा रहे हैं। अभी वर्दी उतरवा दूं तो बुढ़ौती खराब हो जायेगी। दीवान के फीते लगाये हो। अभी तो कन्फर्म भी नहीं होगे...।'

संग्राम सिंह नीचा मुंह किये खड़े हैं।

थानेदार के इशारे पर नाश्ते की ट्रे आ जाती है। तले काजू, काजू की बर्फी, बेकरी के नमकीन-मीठे बिस्कुट और काले अंगूर .....। थर्मस में कॉफी और बोन चायना का चमचमाता कम प्लेट। कप्तान के निरीक्षण की खबर आने पर थानेदार ने अपने किसी खास कारिन्दे को शहर भेजकर सारा प्रबंध किया है।

'दरोगा जी, आप भी मातहतों से काम लेना नहीं जानते। इन पर कंट्रोल नहीं रखेंगे तो ये थाना बेच खायेंगे। एक तो हलके में अपराध हों और उस पर यह लापरवाही...।'

'हुजूर, आईन्दा शिकायत का मौका नहीं मिलेगा। जल्दी ही कार्रवाई होगी। इन्हें भी अच्छी तरह समझा दूंगा।'

'समझाना क्या है। समझते तो ये सब हैं। थाने पर बैठ कर थोड़े ही डकैती वर्क आउट हो जायेगी। इन्हें वहीं कैम्प कराइये। तब न खबर लगेगी। फिर पकड़ धकड़ हो तभी तो बदमाशों में दहशत होगी। ये सब बतलाने की जरूरत थोड़े

ही है...।'

'जी हुजूर...। अभी इनकी रवानगी करता हूं। हुजूर, मैंने भी मुखबिर लगा रखे हैं। केस खोल कर दूंगा, सरकार...।'

'सिर्फ खोलने से अब काम नहीं चलेगा। वारदात होने से यह जाहिर है कि आपके क्षेत्र में बदमाशों में पुलिस का खौफ नहीं है। पुलिस का इकबाल कमजोर दीखता है । और बिना उसके काम नहीं चलता। आपको तैनात हुए तीन महीने तो हो गये होंगे...?'

'जी सरकार...।'

'तीन महीने पुराने एस0ओ0 तो जिले में शायद ही कोई हों। फिर भी कोई गुड वर्क नहीं दिखलाया आपने...।'

'सरकार चार फैक्ट्री मेड असलाह पकड़े हैं, कच्ची शराब भी ड्रमों पकड़ी है। एक सौ नौ में दस और 110 में तीन बदमाश गिरफ्तार किए हैं और दो बदमुज्जनों को गैंगस्टर में बंद किया है...। एक -दो की तैयारी चल रही है।'

'दरोगा जी, असली गुडवर्क तो किया ही नहीं...। बिना इन्काउन्टर के डकैती कंट्रोल नहीं होती...।'

'सरकार, उसकी भी तैयारी कर रहा हूं...। पन्द्रह सालों का लापता मफरूर है। उस पर मुखबिर लगा दिया है। सरकार, जिस दिन हाथ आ गया...।'

'हां, तैयारी में अब ज्यादा वक्त न लगे वरना ऐसे भी थानेदार हैं जिन्हें कोई तैयारी नहीं करनी पड़ती।'

'.......'

'और हवलदार, तुम भी समझ लो, वारदात तुम्हारे हलके में हुई है। तीन दिन के अंदर माल मुल्जिम का पता चल जाना चाहिए वरना हलके के सभी मुल्जिमान मुअत्तिल होंगे। दरोगा जी, सोमवार को आप प्रोग्रेस रिपोर्ट करें...।'

'सरकार, आदेश का पालन होगा...।'

# —पाँच—

कप्तान के प्रस्थान करने से सबके चेहरे पर जमा तनाव धीरे धीरे पिघलने लगा है। हैड मोहर्रिर ने टोपी उतार कर दराज में रख ली है और बेल्ट खोल कर एक तेज अंगड़ाई से अपने को चुस्त दुरुस्त किया है। फिर बीड़ी सुलगा कर लम्बे-लम्बे कश खींचे हैं उसने। महेन्द्र मुंशी ने जूते और पैंट उतार कर पाजामा और चप्पलें चढ़ा ली हैं और गुटके का एक पाउच मुंह में खाली कर दिया है। लगभग दो घंटे से मूर्ति की मानिंद खड़ा संतरी चहलकदमी करते हुये बरामदे की बेंच पर आकर पसर गया है और रायफिल एक ओर टिका कर जेब से डिब्बी निकाल कर सुरती फांकने की तैयारी कर रहा है। इधर-उधर बैरकों और क्वाटरों में छिपे अन्य कर्मचारी जैसे अपने दरबों से निकल कर बाहर आ गये हैं और कप्तान की 'विजिट' की खैरियत ले रहे हैं।

थानेदार ने भी होमगार्ड से कह कर गर्म कॉफी मंगवाई है - ...चाय से कुछ विशिष्ट पेय...जिससे मस्तिष्क पर छाये आतंक के बादल छंट सकें। हालांकि कप्तान का सकुशल प्रस्थान उसके लिये दोगुनी प्रसन्नता का कारण है। एक तो थानेदारी पर फिलवक्त कोई संकट न दिखलाई पड़ना और दूसरे डकैती और उसे खोलने की सारी जिम्मेवारी अब हवलदार संग्राम सिंह के कंधे पर है। प्रशासन में जिम्मेवारी खिसकाने की कला में प्रवीणता एक अतिरिक्त योग्यता है। पहले अक्सर तैनातियों की अवधि लम्बी हुआ करती थी। इसलिये हाकिम- मातहत के संबंध सरकारी और औपचारिक से बढ़कर व्यक्तिगत और आत्मीय हो जाते थे। नतीजतन जहां मातहतों में पूरी वफादारी थी, वहीं आला अफसर भी अपने अधीनस्थों को किसी संकट से बचाने के लिये अपने व्यक्तिगत हित की तिलांजलि देने में कोई गुरेज नहीं करता था। अब ऐसा करना प्रशासनिक नासमझी या चूक माना जाता है।

यही दांव खेलकर थानेदार प्रफुल्लित है। कप्तान के सवालों पर संग्राम सिंह की चुप्पी से भी उसे बल मिला था। संदिग्ध लड़के के परिवार के बारे में पूछे गये प्रश्न पर एकबारगी वह भी अंदर तक कांप गया था।....कहीं संग्राम सिंह बाइस्तबा के पिता को थाने लाने और उसके द्वारा छोड़े जाने की बात ही कह डालते...। तब उसकी थानेदारी का आखिरी दिन होता आज। कम से कम लाइन हाजिरी लाजमी थी और उसके बाद किसी थाने पर अफसर दोयम की तैनाती...। हर थानेदार जानता है कि एक बार पटरी से उतरना कभी कभी उसके कैरियर को ही ले बैठता है और तब उसे लाइन पर लाने में खासी मशक्कत करनी पड़ती है।

किंतु संग्राम सिंह बुरी तरह आहत हैं। उन्हें इस बात की पीड़ा नही है कि कप्तान ने उनके अनुभव, निष्ठा और कर्तव्यपरायणता की छीछालेदर की, न ही उन्हें इस बात का मलाल है कि डकैती खोलने का सारा दारोमदार उनके कंधे पर डाल दिया गया है। उन्हें यह सोच कर भी कोई परेशानी नहीं है कि डकैती के अभियुक्तों का पता न चलने पर उनकी पूरी सेवा दांव पर लग सकती है। सच तो यह है कि इस तरह के तनावपूर्ण क्षण वह पुलिस के जीवन में अनेक अवसरों पर झेल चुके हैं।

पर संग्राम सिंह यह सोच कर अत्यंत क्षुब्ध हैं कि थानेदार द्वारा उनकी कारगुजारी का कोई ब्यान कप्तान साहब के सामने नहीं किया। इतना ही नहीं, कप्तान के यह कहने पर कि अपराध में संदिग्ध के परिवार के सदस्यों के विरुद्ध पुलिसिया कार्रवाई हो, थानेदार ने यह बतलाना तक ठीक नहीं समझा कि संग्राम सिंह द्वारा उसके पिता को थाने लाया गया था किन्तु किन्हीं कारणवश उसे छोड़ दिया गया। जो कार्रवाई वह कर चुके थे, उसके लिये कप्तान की डांट और थानेदार की चुप्पी उन्हें अंदर ही अंदर सालती रही है।

बदलते वक्त के साथ यह एक नये तरह का बदलाव है जिसे संग्राम सिंह आत्मसात नहीं कर पाये हैं। सही काम करने पर भी ऊपर के अधिकारी का समर्थन न मिलना और हाकिम के समक्ष अदम पैरवी...। कुर्सी का ऐसा लोभ संग्राम सिंह ने पहले कभी नहीं देखा था। वह तो इस बात पर नाज करते आये थे कि महकमे में उन्हें हर पल पूरा समर्थन दिया और हाकिम के सामने उनकी कारगुजारी की पुरजोर पैरवी की। न जाने कितने ऐसे अवसर उन्होंने देखे थे ...।

....बमुश्किल दस साल की नौकरी हुयी थी तब। सालाना क्राइम ड्राइव चल रहा था जिसके लिये हफ्तों से तैयारी की जाती थी। अपराधियों की सूचियां बनती - पांच साला अपराधी, चोर, नकबजन, एक्टिव लिस्ट के अपराधी, कच्ची शराब खींचने वाले, सट्टेबाज, 109ए 110 में पाबंदी योग्य अपराधी आदि आदि....। दरोगा से लेकर सिपाहियों तक के लक्ष्य निर्धारित किये जाते। इन्काउन्टर यानी मुठभेड़ के बोनस अंक प्रदान किये जाते हैं। यह तो सांप-सीढ़ी के खेल की वह लम्बी सीढ़ी है जो पहली लाइन से उछाल कर आखिरी लाइन में पहुंचा देती है। अच्छे काम के लिये सिपाही-हैड तो क्या दरोगा तक के लिये उत्तम प्रविष्टि से लेकर दो रुपये से लेकर दस रुपये तक का इनाम स्वीकृत किया जाता था जो अब बढ़ गया है पर उस अनुपात में नहीं जितना धन का अवमूल्यन हुआ है। आज भी पच्चीस-पचास रुपये के नकद इनाम के लिये खासी मारा-मारी रहती है। आखिर इन प्रविष्टियों का प्रोन्नति में विशेष महत्व रहता है।

110 के एक मुल्जिम को पकड़ने संग्राम सिंह अपने एक हमराही आरक्षी के साथ एक गांव में गये थे। यह गांव इस माने में कुख्यात था कि अव्वल तो इस गांव में अपराधियों की भरमार थी, मजारिया और बंदशुदा बदमुज्जनों की नफरी भी खासी थी और दूसरे गांववालों का पुलिस के प्रति असहयोग और विरोध का रवैयूया...। पुलिस के साथ मजाहमत के कई किस्से थाने में दर्ज हैं। गांववाले भी इसे अपना रुतबा मानते आये थे और गर्व से कहते, 'मजाल है कोई पुलिसवाला गांव के किसी आदमी को पकड़ कर ले जाये।'

उस गांव में गश्त की आमोदरफ्त भी प्रायः नगण्य थी। पिछले काफी समय से वहां कोई असरदार कार्रवाई भी नहीं की गयी थी। सच तो सह था कि वहां कोई दबिश ही नहीं हुई थी। सांल में एक बार थानाध्यक्ष गांव जाकर रजिस्टर नंबर आठ की चैकिंग कर आते या कभी यह काम थाने पर ही हो जाता क्योंकि, पुलिस के अनुसार, गांव में कोई भला आदमी तो था नहीं जहां जाकर थानेदार बैठ सकता।

गांव का नाम कुरावली था। लगभग पांच हजार की आबादी थी। अधिक्तर पिछड़ी जाति के लोग यहां निवास करते थे जिनमें यादव बहुसंख्यक थे। यादवों के अतिरिक्त नाई, कुर्मी, पाल आदि लोग भी थे।

स्वतंत्रता प्राप्ति के बाद का पहला आम चुनाव...। क्षेत्र में काफी गहमागहमी थी। इस क्षेत्र से एक ठाकुर चुनाव लड़ रहे थे और यहां के थानेदार भी ठाकुर था। वह ठाकुर प्रत्याशी को खुल कर समर्थन दे रहा था। अपने उम्मीदवार को जिताने के लिये उसने सभी हथकण्डे अपनाये। गाली गलौच, धमकी, हिरासत, फर्जी मुकदमे, फसल को नुकसान...।

कुरावली वासियों का समर्थन एक पिछड़े वर्ग के प्रत्याशी के लिये था। बस इसी से उनका पुलिस से और पुलिस का उन लोगों से बैर आरम्भ हो गया। थानेदार जब चाहता गांव आकर उत्पात मचा देता, अपशब्द बोलता, अपमानित करता, दो -चार के लाठी भांजता और चलते वक्त एकाध को हिरासत मे लेकर चल देता। जब उसे लगा कि उसके प्रचार का कोई प्रभाव गांववालों पर नहीं हो रहा है तो उसने फर्जी मुकदमें कायम करने शुरू कर दिये, उनमें लोगों को बंद कर दिया, कुछेक की हिस्ट्रीशीट खुल गयी...। गरज यह कि पुलिसिया आतंक का नंगा नाच वहां दिखने लगा। आजादी के तुरंत बाद का वक्त था। पुलिस शासन के आतंक और जोरज़बरदस्ती का प्रतीक थी। कोई विरोध करने का साहस ही नहीं कर पाता, न ही लोगों में यह चेतना जागृत हुयी थी कि लोकतांत्रिक व्यवस्था में यह सब अवैध और अनधिकार है। पुलिस की कार्रवाई पर शिकायत का चलन भी नहीं था। प्रजा की मानसिकता के साथ इसे नियति के रूप में स्वीकार करते थे लोग।

चुनाव की पूर्व रात्रि को थानेदार गांव में आ पहुंचा। योजना यह थी कि

गांववालों को मताधिकार का प्रयोग ही नहीं करने दिया जायेगा। सुबह ही कुछ गुंडों को इस काम में लग जाना था।

थानेदार के आगमन की खबर आग की तरह गांव में फैल गयी। गांववाले एक अनजाने, अप्रत्याशित भय और आशंका से ग्रस्त अनुभव करने लगे। दहशत और संत्रस का साया उन पर मंडराने लगा। काफी लोग तो गांव छोड़ कर ही भाग गये। बाकी बचे लोग डर और असुरक्षा से कांपते हुये धीरे-धीरे एक स्थान पर जमा हो गये। एकाएक उस भय ने एक अजब सी उत्तेजना को पैदा कर दिया और फिर आवेश और उत्तेजना का ऐसा उबाल आया कि भीड़ ने उस पंचायत भवन पर हमला बोल दिया जहां थोनदार नशे में धुत्त सोया था। लाठी, बल्लम, हंसिये, भाले लिये लोगों का सैलाब थानेदार को रौंद गया।

अगले दिन थानेदार और एक सिपाही के शव वहां से बरामद हुये थे। आला अफसरों के दौरे हुये। गांव छावनी में तब्दील हो गया था। खाकी वर्दी के अलावा वहां कुछ दीखता ही नहीं था। पूरा गांव उजड़ गया था। पुलिस के हटने के बाद भी एक मरघटी निस्तब्धता वहां छायी रही। औरतों और छोटे बच्चों के अतिरिक्त वहां कोई मौजूद ही नहीं था। फिर मुकदमे में ताबड़तोड़ गिरफ्तारियां हुईं, फरार मुल्जिमों की खड़ी फसलें जलवा दी गईं, उनके घरों की ऐसी कुर्की हुई कि चारपाईयां, दरवाजे तक जलवा दिये गये और जानवरों को ट्रक में लाद कर न जाने कहां छोड दिया गया जो कभी लौटे ही नहीं....।

पुलिस मजाहमत का ज्वलंत दृष्टांत बन गई यह घटना। जिले क्या, आस पास के क्षेत्र में वर्षों तक इसे याद किया जाता था। स्थानीय पुलिस के लिये तो यह गांव ब्लेक लिस्टेड था ही। गांव वाले तो पुलिस से आतंकित रहते ही थे, पुलिस वाले भी इस गांव से कम नहीं डरते थे। सालों साल यहां गश्त नहीं गई, एकाध सेक्शन (लगभग दस कर्मी) से कम नफरी के बिना कोई दबिश वहां नहीं डाली जाती। गांववालों को भी पुलिस की इस कमजोरी का पूरा अहसास था। इसका भरपूर फायदा उठाते वे। अंदर से बुरी तरह संत्रस्त अनुभव करते पर जाहिरा तौर पर उतने ही आक्रामक...।

...भय से राहत पाने का एक उपाय आक्रमण भी तो है....।

संग्राम सिंह को उस थाने पर तैनात हुये ज्यादा समय नहीं हुआ था, इसलिये क्षेत्र के बारे में उनकी जानकारी अधकचरी थी। कुरावली के बारे में भी वह अधिक कुछ नहीं जानते थे। इसलिये जब उन्हें क्राइम ड्राइव के अन्तर्गत कुरावली के एक वांछित अभियुक्त की गिरफ्तारी का काम सौंपा गया तो वह तुरन्त चल दिये। 110 के मुल्जिम को पकड़ने के लिये उन्हें किसी हमराही की भी जरूरत नहीं हुई किंतु विभागीय नियमों के तहत अकेला कर्मचारी भेजा नहीं जा सकता था। हमराही भी

एक नवयुवक सिपाही था और पुलिस की खाकी वर्दी को सर्वशक्तिशाली मानते हुये किसी कार्य में कोई बाधा उसके लिये अकल्पनीय थी।

पर कुरावली तो कुरावली था। गिरफ्तारी तक तो उन्हें सब कुछ सामान्य लगा पर जैसे ही वह मुल्जिम को लेकर चलने लगे कि चारों तरफ सें अपने को घिरा पाया उन्होंने। शीघ्र ही एक उग्र भीड़ उनके सामने थी। पहले गालियों और शोरशराबे की बौछार हुई और फिर पथराव...।

संग्राम सिंह के जीवन का पहला अनुभव था यह। अपने सेवाकाल में ऐसी स्थिति का सामना कभी करने की नौबत ही नहीं आई थी। वह बुरी तरह परेशान हो गये। अंदर से बुरी तरह त्रस्त और घबराहट सी अनुभव करने लगे। हमराही सिपाही ने सुझाव भी दिया कि गिरफ्तारशुदा मुल्जिम को छोड़ कर निकल पड़े पर यह संग्राम सिंह के तत्वों के विरुद्ध था। एक कुख्यात अपराधी की गिरफ्तारी पर गांववालों का यह आक्रोश उनकी समझ से परे था। पुलिसिया इकबाल, पुलिस की हनक उनके अंदर जाग उठी। एक तेज उत्तेजना ने उन्हें अपनी गिरफ्त में ले लिया। पूरे बदन में जैसे एक कंपन होने लगा। हाथों की उंगलियों की चटकन जैसे वह महसूस करने लगे। बस अपनी 410 मस्कट तानकर चार कारतूस दाग दिये उन्होंने। फायर की आवाज जैसे भीड़ को चीरती चली गयी। अफरातफरी मच गयी। भगदड़ हो गयी। गिरते-पड़ते लोग भाग खड़े हुये और पलों में भीड़ छंट गयी।

बंदी को लेकर वह वहां से चल दिये - गर्व से सीना चौड़ा किये...।

थाने पहुंचने में उन्हें काफी समय लगा था। रास्ते में एक गांव में रुक कर तनिक कमर भी सीधी की। वैसे भी अपने को उस तनाव से भी मुक्त करना था।

दिन चढ़ते जब वह थाने पहुंचे तो वहां का नजारा कुछ बदला हुआ था। चारों तरफ अजब सा तनाव था। किसी ने उनकी तरफ अच्छी तरह देखा तक नहीं। न ही मुल्जिम की गिरफतारी की कोई खबर ली। काफी देर वह थाना कार्यालय में यूं ही बैठे रहे। आखिर झुंझलाकर कहा, 'दीवानजी , मुल्जिम का दाखिला कर लीजिये.... ।'

हैड मोहर्रिर ने बुरा सा मुंह बनाया और फिर उन्हें पकड़ कर पिछवाड़े ले गया।

'अरे ये क्या कर डाला, संग्राम सिंह...?' उसने चिढ़चिढ़े स्वर में पूछा।

'मैंने क्या किया...?' संग्राम सिंह ने भोलेपन से कहा।

'अरे...' हैड मोहर्रिर बुरी तरह झुंझला कर चीखने लगा, 'पागल हो क्या? मुल्जिम की गिरफतारी करने गये थे या फायरिंग करने...।'

'उस्ताद क्या करते , सालों ने घेर लिया था...।'

'अरे तो ससुरे को वहीं पटक कर चले आते। उसकी गिरफ्तारी से कौन सा तमगा मिलने वाला है...।'

'पर उस्ताद...,' संग्राम सिंह भौंचक से उसे देखने लगे, 'हिरासत में लेकर किसी को छोड़ देना....। फिर पुलिस का इकबाल...?'

'कैसा इकबाल...? अब वहां पड़ी लाश को ठिकाने लगाओ....।' वह क्रोध से कांप रहा था।

'लाश,...किसकी लाश...?' संग्राम सिंह के अंदर जैसे एक झटका सा लगा। उनके हृदय का कंपन एकाएक तेज हो गया। घबराहट से उन्होंने प्रधान लेखक का हाथ थाम लिया।

'जिस पर आपने चांदमारी का जौहर दिखलाया है। गोली चला कर हलके में तफरीह कर रहे हैं। ऐसी वारदात की खबर भी नहीं दी।' कहकर वह संग्राम सिंह का हाथ झटक कर चला गया।

संग्राम सिंह के चेहरे पर पसीने की बूंदें उग आईं। उनके पैर कांपने लगे। वह वहीं बैठ गये। घबराहट से हथेलियां अलग पसीजने लगीं। उन्हें समझ ही नहीं आया कि क्या करें।

कुछ देर तक ठस्स से बैठे रहने के बाद वह भारी कदमों से आकर बैरक में आकर अपने तख्त पर जाकर लुढ़क गये।

उन्होंने देखा कि हर कोई केवल उस घटना और उनके बारे में बात कर रहा है । एकाध पुराने साथी ने आकर उन्हें सलाह दी कि वह थाने से फिल्हाल चले जायें। पर उन्हें यह सलाह कतई नहीं जंची ।

देर तक वह यूं ही तख्त पर पड़े रहे। कानों में पड़ता रहा कि डिप्टी साहब आने वाले हैं , कप्तान साहब मौके पर जा रहे हैं, उनके खिलाफ हत्या का मुकदमा कायम होने की तैयारी हो रही है...आदि आदि....।

नियति के हाथों में अपने को छोड़ कर वह यूं ही लेटे रहे।

डिप्टी साहब के आने पर संग्राम सिंह की उनके सामने पेशी हुई। सहमे से वह थानेदार के कक्ष में गये। डिप्टी साहब ने अपनी नाराजगी जाहिर की पर वह खान थानेदार...

'हुजूर, इस जवान की बहादुरी तो मिसाल है वरना इतने बदमुज्जने गांव में मुल्जिम को गिरफ्तार करने जाना और फिर वहां से मुल्जिम को गिरफ्तार करके ले आना बड़े गुर्दे वाले का काम है हुजूर...। उस गांव को कौन नहीं जानता। जहां थानेदार को जला दिया हो, वहां अगर इस जवान ने सही गिरफ्तारी में फायर किया तो वाजिब ही तो है। हुजूर आप चिन्ता न करें। इसके साथ मैं अपनी भी रवानगी दिखा देता हूं। अपने आदेश से फायरिंग दिखाउंगा। पुलिस को असलाह आखिर क्यूं दिये जाते हैं। वक्त जरूरत इस्तेमाल के लिये ही ना....।'

संग्राम सिंह का सीना गर्व से बुरी तरह फूल गया। नजरें उठाकर बड़े मान-अभिमान से उन्होंने थानेदार की तरफ देखा था। उनकी आंखें छलछला उठीं।

अपनी खाकी वर्दी पर बड़ा नाज हो आया था उन्हें।

थानेदार ने सचमुच वही किया। घटना की पूरी जिम्मेवारी उसने अपने सिर ले ली थी।

मामले की जांच हुई तो क्षेत्र के सैकड़ों गवाहों ने पुलिस कार्रवाई के समर्थन में साक्ष्य दी। मामला बस्ताए-खामोशी में बंद हो गया।

आज भी उस घटना को याद कर संग्राम सिंह भावुक हो चलते हैं। कृतज्ञता, विभागीय एकता, अधीनस्थों को समर्थन और महकमे की बेहतरी के लिये अपनी नौकरी को ही दांव में लगा देने का जज्बा....। संग्राम सिंह का रोम रोम पुलकित हो उठता है। सिर से पैरों तक एक सिरहन सी उनके बदन में दौड़ जाती है। दरअसल ऐसी ही घटनाओं ने संग्राम सिंह के अंतस को सजाया, संवारा है। इसीलिये इस खाकी वर्दी पर बड़ा नाज करते हैं संग्राम सिंह...।

किन्तु पिछले कुछेक सालों में जैसे हर क्षेत्र में बदलाव की आंधी सी आयी है - तकनीक में, संचार माध्यमों में, जीवन शैली में, फैशन में, लोगों के नजरिये और सोच में, आपसी संबंधों में, राजनीति में, सामाजिक -राजनीतिक चेतना में, विभागीय कार्यप्रणाली में आदि आदि...। यह सूची अंतहीन है शायद। फिर संग्राम सिंह इससे क्यों बेखबर हैं ,इसके बीच जीते हुये भी इनसे क्यूं अछूते हैं आखिर...? इन बदलावों से प्रभावित हुये बिना कैसे रह सके हैं वह। आज भी उनका मस्तिष्क एक दिशा में ही क्यूं सोचता है - विभाग का हित , विभाग की प्रतिष्ठा, विभाग की एकता...।

आज भी संग्राम सिंह ने अपने को समझा लिया है। जल्दी ही अपने को इस आघात से उबार लिया है। अपने अधिकारियों पर आज भी उन्हें पूरा विश्वास है। थानेदार ने अवश्य ही किसी वजह से चुप रहना बेहतर समझा होगा। इतना तो संग्राम सिंह भी अच्छी तरह जानते हैं कि हाकिम की डांट खाना, उसके आरोप को सिर झुका कर स्वीकार कर लेना, चाहे वे अनुचित ही क्यों न हों, जवाबदेही और मुंहजोरी के आरोप से कही बेहतर है। हाकिम के अहं की तुष्टि के लिये यह जरूरी भी है वरना उसे यह अहसास कैसे होगा कि वह वरिष्ठ है, सामने खड़े अपने मातहत से बेहतर जानता है, और उसके निदेशों के फलस्वरूप ही किसी अन्वेषण में सफलता मिल सकी है। यह बात भी नौकरी के शुरुआत में ही उसी खान थानेदार ने समझाई थी। वह जिले का जाना-माना थानेदार था। हर संगीन घटना में उसे सलाह-मश्विरे के लिये बुलवाया जाता था। पर नये-नये डिप्टी और कप्तान के आदेशों को पूरी तवज्जो से सुनते ही नहीं थे, उर्दू में नोट भी करते और फिर अमल भी। एकाध

खुशामदी टिप्पणी भी अवश्य करते .....।

'हुजूर, तफतीश की यह लाइन तो किसी ने सोची भी नहीं होगी। हुजूर, तभी पहले आईपी और अब आईपीएस अफसरों का कोई सानी है क्या...।'

पूरा थाना जानता था कि खान साहब उस दिशा में पहले ही कार्रवाई कर चुके थे।

कभी कहते -

'हुजूर, यह तो आपकी सरपरस्ती और हिदायतें हैं कि इस मामले में कामयाबी मिली वरना नाचीज को इतनी अक्ल कहां....।'

हर कोई जानता था कि उस मुठभेड़ में खान साहब के अतिरिक्त और किसी की कोई भूमिका नहीं थी और न ही किसी को कोई जानकारी....।

संग्राम सिंह ने यह बात उनसे कह डाली तो समझाने लगे, 'बरखुरदार, पुलिस की नौकरी में हाकिम को माई-बाप समझ कर चलो। जो उसने कहा, वही ठीक है, जो उसने सोचा वही हमारे लिये बेहतर है। उसकी डांट को परशाद की तरह मंजूर करो...।'

यही सब सोच कर संग्राम सिंह ने अपने को संयत कर लिया है। अपने को समझाया भी है- डकैती की वारदात हुई है, उसे खोलने के बजाय बेकार की बातें सोचने से क्या फायदा....! कितना काम बाकी है अभी..!

क्या संग्राम सिंह भी किसी तरह के बदलाव का शिकार हो रहे हैं ...?

रात की बेचैनी के कारण बदन में थकावट सी है जैसे एक कांटा अंदर ही अंदर सालता रहा हो। अपने को समझाने के बावजूद अंदर जमी उद्विग्नता से अपने को मुक्त नहीं कर पाये हैं वह। रात खाना भी नहीं बनाया। श्रीराम ने ही बाहर से चाय और बन लाकर दिये थे और जिद करके खिलाये थे।

कप्तान की उलाहना से भी ज्यादा आहत कर गयी हैं कुछ संगी साथियों की फब्तियां-

'बड़े तीसमार खां बनते थे....।' हैड मोहर्रिर जो उनके समकक्ष पद का ही है, ने सब के सामने कहा है, 'अब देखते हैं कि बहादुरी का तमगा किस काम आता है। बड़ा नाज है न इस मैडल पर। कहते हैं एसी रेलगाड़ी में चल सकता हूं और वो भी एक साथी के साथ...। अब सबके सामने फटेगी तो सारी कलई खुल जायेगी उस्ताद की...।'

शब्दों को जैसे चबाकर कहा था उसने।

'दरोगा जी ने दीवान जी को धोबीपाट देकर चित्त कर दिया है। अब झेलें। अपराधों पर काबू पाने के लिये बड़ी नसीहतें देते थे सबको ...।' देवेन पाण्डे ने कहा था।

ऐसे फिकरे और फब्तियां सुनने के अभ्यस्त होने के बावजूद आज ये शब्द उनके कानों में जहर की मानिंद चुभ रहे थे।

कप्तान के जाते ही थानाध्यक्ष ने साफ साफ कह दिया कि इस अभियोग में अभियुक्तों का पता चलना चाहिये वरना वह उनकी कोई मदद नहीं कर सकेगा। कप्तान साहब ने केवल तीन दिन का समय दिया है और उसके बाद मुअत्तली...। संग्राम सिंह जानते हैं कि निलम्बन की धमकी को अमली जामा पहनाने में इस विभाग में देर नहीं लगती। टोपी न पहनने या सैल्यूट न करने तक पर पुलिस में निलम्बन की नौबत आ जाती है। फिर यह तो डकैती के अपराध को रोकने में नाकामयाबी और उसे खोलने में असफल रहने का आरोप है। हाकिम की नजर टेढ़ी हुयी तो पेंशन तक बहाल होना मुश्किल पड़ सकता है।

संग्राम सिंह अंदर तक कांप गये हैं। छत्तीस सालों की नौकरी कैसे बचा कर की है, वह ही जानते हैं। थाने या चौकी पर 'सिपाहियाना' की नौकरी अंगारों पर चलने की मानिंद है। पैर झुलसते देर नहीं लगती। गाड़ी पटरी पर चलते चलते कब उलट जाये, पता ही नहीं चलता।

ऐसा नहीं है कि इस तरह की कार्रवाई की आशंका से वह पहली बार ग्रस्त हुये हैं। पर एक अनजाने भय और असुरक्षा ने उन्हें पहली बार ही जकड़ा है। शायद लम्बी सेवा सकुशल बीत जाने के बाद वह अपने को ज्यादा कमजोर महसूस कर रहे हैं। लम्बी यात्र में जैसे जैसे हम लक्ष्य के निकट पहुंचते हैं, वैसे-वैसे एक आवेग, उत्तेजना, हड़बड़ी और घबराहट हमें आ घेरते हैं। कभी लक्ष्य सामने होने पर भी एकाएक दूर लगने लगता है।

पर इससे कहीं ज्यादा एक अकेलेपन का अहसास उन्हें अंदर ही अंदर कचोट रहा है। जिस वर्दी की एकता पर उन्हें नाज रहा है, आज वही बड़ी उदास सी सूनसान बियाबान में भटकती महसूस हो रही है। उन्हें लगता है कि उनकी आवाज जंगल में उभरी चीख की तरह पेड़ों से टकराती लहूलुहान सी नीचे आ गिर पड़ती है। वह क्या करें, समझ ही नहीं पाते...। एक अजीब सी दिशाहीनता का शिकार अनुभव करते हैं संग्राम सिंह....।

हमराही होने के नाते श्रीराम को उनकी तकलीफ का बखूबी अहसास है। फिर उसकी तैनाती भी उसी बीट में है जिसमें वारदात घटित हुयी है । अगर संग्राम सिंह को दंडित किया जाता है तो वह भी सज़ा से कहां बच पायेगा। घटना में संदिग्ध कन्हई के पिता को थाने ले जाने के लिये उसने अपना विरोध दर्ज किया था, पर कप्तान की हिदायत के बाद वह संग्राम सिंह की सूझबूझ और समझदारी का कायल है। उसे अपने वरिष्ठ साथी की पीड़ा का अहसास है।

'उस्ताद, चिन्ता मत कीजिये। केस वर्क आउट हो जायेगा। अगर लाइन सही

चल गई तो एकाध दिन में ही माल मुल्जिम का पता चल जायेगा।'

अपने से आधी आयु के साथी से उत्साहवर्धन के ये शब्द सुनकर संग्राम सिंह को सुखद लगा है।

वह धीमे से मुस्करा दिये हैं।

'भइया, लाइन तो यही सही लगती है, डकैती की और कोई वजह भी समझ मे नहीं आती...।'

'बस उस्ताद फिर क्या परेशानी है। यही कप्तान आपकी पीठ थपथपायेंगे...।'

अचानक संग्राम सिंह ठहाका मार कर हंस दिये हैं और देर तक हंसते रहे हैं। श्रीराम क्या, शायद ही थाने के किसी सहयोगी ने उन्हें इस खुलेपन से हंसते कभी देखा है। श्रीराम अचरज में है। आंखें फाड़े वह उनके चेहरे को देख रहा है।

संग्राम सिंह की आंखें पनिया गई हैं।

श्रीराम अवाक् है।

'भइया...,' अब संग्राम सिंह ने अपने को संयत कर लिया है, 'किस जमाने की बात कर रहे हो...?'

'मैं समझा नहीं, उस्ताद ..?'

'अरे भई, जो बात आज तक तुम मुझे सुनाते थे, आज मुझसे सुन रहे हो...।'

'मतलब...?' श्रीराम के स्वर में झुंझलाहट है।

'मतलब यह कि अब अच्छे काम का सिला मातहत को कौन देता है। मातहत का कंधा तो जिम्मेदारी लादने के लिये है। कुछ गड़बड़ हो उसे सूली पर चढ़ा दो और ठीक ठाक होने पर अपना सीना चौढ़ा...।'

'हां उस्ताद ...,' श्रीराम तैश भरे स्वर में कहता है, 'अभी पिछले दिनों हमने बदमाश पकड़े थे जिन पर दरोगा जी ने गैंगस्टर लगाया, हमें तो उसमें कोई ईनाम नहीं मिला। पूरी शाबासी दरोगा जी को ही मिली....।'

'श्रीराम, यह सब तो पहले भी चलता था। हां, अब जिम्मेवारी से बचने और उसे अपने से खिसकाने का चलन जरूर बड़ा है।' संग्राम सिंह समझाते हैं, 'अब हर मामले को इस नजरिये से देखा जाता है कि उसमें किसे मोहरा बनाया जा सकता है। बस फिर मामला उलझने पर आला अफसर उसकी गर्दन नाप देते हैं। इसी को दूरंदेशी माना जाता है और जिस अफसर में यह जितना ज्यादा है, वह उतना ही कामयाब अफसर है...। पिछले महीने जोशी और लालाराम मुअत्तिल किये गये थे, क्या गलती थी उनकी ...?'

'उनकी क्या गलती थी, सब जानते हैं कि उस मकान पर कब्जा दरोगा जी

ने करवाया था और जब बवाल हुआ तो उन दोनों के खिलाफ कार्रवाई करके मामले को शांत कर दिया गया। अदालत भी खुश और जनता भी संतुष्ट...।'

वे दोनों अब शांत हैं। पर दोनों के ही अंदर एक अजीब सा आलोड़न उन्हें व्यथित किये हुये है। नौकरी के इस विद्रूप से रूबरू होकर भला कौन प्रकृतिस्थ रह सकता है।

'उस्ताद', श्रीराम ने कुछ देर बाद पूछा है,'क्या पब्लिक को सच का पता नहीं चलता या वह जानबूझ कर सच से मुंह फेरे रहती है...?'

'देखो श्रीराम, जिसे हम, आप, सरकार जनता कहती है, दरअसल वो गिनेचुने कुछ नेता लोग हैं। वे सच को जानकर उसे मंजूर कर लें तो जनता को सच का पता चल जायेगा और गर वो सच से मुंह मोढ़ लेंगे तो जनता को भी सच से दूर रहना पड़ेगा। इसलिये इन कुछेक नेताओं को समझाना या अपनी तरफ करना पूरी पब्लिक को समझाने जैसा है। वो खुश तो लगता है, जनता खुश है, वो नाराज हैं तो पूरी जनता नाराज लगने लगती है ...।'

'यह लोकतंत्र का मखौल नहीं है दीवान जी...।'

'यह तो हमसे बेहतर तुम जानते होगे। हम तो नाख्वांदा ठहरे। बस इत्ता जानते हैं कि जमहूरियत में कुछ लोगों को अपनी तरफ कर लो तो पूरी पब्लिक साथ में मानी जायेगी। इनका सच आम जनता का सच बन जाता है, इनकी नाराजगी आम पब्लिक की नाराजगी बन जाती है...।'

'इसीलिये तो जन प्रतिनिधि कहा जाता है इन्हें...।' कहकर श्रीराम जोर से हंस दिया है।

किन्तु संग्राम सिंह गंभीर बने हुये हैं।

एक लम्बी सांस लेकर उन्होंने अपनी नजरें शून्य में गड़ा दी हैं।

मुकदमा ताजराते हिन्द दफा 395, 397 से दफा 396 में तरमीम...।

396 यानी डकैती मय कत्ल के ...।

भारतीय दण्ड विधान का सबसे भीषण अपराध ...।

अलस्सुबह दिशा मैदान के लिये संग्राम सिंह निकले तो थाने के बाहर ही रनवीर आता मिला है। संग्राम सिंह जानते हैं कि उसे प्राथमिक स्वास्थ्य केंद्र में मदद मरीज और घटना के मजरूबों की सुरक्षा में लगाया गया है। उसके चेहरे पर एक बदहवासी है। दाड़ी की जड़ें खासी बड़ी है। वर्दी के नाम पर सिकुड़ी खाकी कमीज-पैंट पहने है, पेटी जरूर लगी है और टोपी बदस्तूर जेब में ...। पैरों में प्लास्टिक की बरसाती चप्पलें....।

उसे इस समय थाना आता देखकर संग्राम सिंह का माथा ठनका है।

'अरे रनवीर, इत्ती सुबह कैसे...?'

'अरे उस्ताद, मामला संगीन हो गया, रात बुढ़िया चल बसी।'

'अरे सच, इत्ती चोटें तो नहीं दिखती थीं उसके।'

'कुछ चोटें और कुछ सदमा।'

'और रमेसर का बाप...?'

'हालत उसकी भी अच्छी नहीं है।'

'फिर इस शफाखाने के डाक्टर, न मरते मरीज को मार दें ...।'

'सो तो ठीक है , हालांकि इस केस में पूरा ध्यान दिया है। पर जो काबलियत है उसी के हिसाब से तो दवा देंगे।'

'तो बूढ़े को सदर अस्पताल क्यूं नही भेज देते...?'

'अब तो भेजेंगे ही। अब बुड्ढे को यहां रखने का जोखिम नही उठायेंगे...। हरिजन का मामला है। अच्छा चलता हूं। बड़े दरोगा जी को खबर कर दूं वरना इसी में सजा मिल जायेगी कि मदद मरीज में रहकर लापरवाही की या खबर देरी से दी....।'

मुस्करा कर रनवीर चला गया है पर संग्राम सिंह का दिशा फिरागत गड़बड़ा गया है। उम्र के इस पड़ाव पर अब वैसे भी पेट साफ होने में वक्त लगता है। अपने हाथ का खाना खाने के बावजूद कब्ज कहां पीछा छोड़ता है। उस पर पेट में मरोड़ कर देने वाली यह खबर....!

तेज कदमों से दिशा मैदान जाकर औने- पौने फारिग होकर वह थाने आ गये हैं।

एक बार फिर अफरा-तफरी और हड़बड़ी के बादल थाने पर मंडरा रहे हैं। रनवीर के वहां पहुंचते ही थानेदार को खबर कर दी गयी है। थानेदार ने अपने क्वाटर पर ही प्रधान लेखक को बुलवा लिया है।

'मुकदमे को तरमीम कर दो। मेरी रवानगी क्षेत्र के लिये दिखा देना। रोजनामचा तो रुका हुआ होगा....?'

'जी साहब...।'

'सभी अधिकारियों के लिये वायरलैस कर दो, कप्तान साहब या सीओ साहब बात करना चाहें तो कह देना कि डकैती के सिलसिले में क्षेत्र में गया हूं।' जैसे एक सांस में सब कुछ बोल गया हो। उसने अपनी लुंगी एक बार खोलकर फिर कसी है और कहा, 'हां, दरोगा जी को अस्पताल भेजकर पंचायतनामा भरवाओ। रमेसर के घरवालों को खबर कर दो। सारा इंतजाम करना है। मैं भी तैयार होकर आता हूं।'

थानेदार को आने में देर नहीं लगी है और आते ही उसने संग्राम सिंह को तलब किया है।

'दीवानजी, मामला और संगीन हो गया है। अब तो पकड़-धकड़ होना लाजमी

है। उस लौंडे को पकड़ना जरूरी है वरना कोई और रास्ता ढूंढना होगा।'

'साहब, मैं तो उसके बाप को पकड़ कर लाया ही था।'

'उसकी चिंता मत करो। बाप को तो प्रधान से कह कर अभी बुलवा लूंगा।'

'प्रधान क्या साहब, उस साले को तो मैं ही पकड़ लूंगा...।'

'नहीं, बाप को लेने तुम मत जाना। आप पकड़ोगे तो शिकायत होगी, सिफारिशें आयेंगी। साला खुद आयेगा तो यह तो नहीं कह सकता कि पुलिस पकड़ कर लाई थी।'

'पर साहब, मुझे तो इसमें कोई हर्ज नहीं लगता। डकैती का मामला है। पुलिस दस लोगों से पूछताछ नहीं करेगी तो असली मुल्जिम का पता कैसे चलेगा। हमेशा से ही यह सब होता रहा है...।' संग्राम सिंह के चेहरे पर उलझन और आक्रोश की छटा उभर आई है।

'दीवान जी, यह गुजरे जमाने की बातें हैं। अब पुख्ता सुबूत के बिना किसी को हाथ लगाना भी जुर्म है। अदालतों का रुख आप देख रहे हैं ना। जरा सी शिकायत होने पर डीजी साहब को अदालत में तलब कर लिया जाता है...। इसलिये हर काम बहुत सोच समझ और सूझबूझ के साथ करना पड़ता है। अच्छे से अच्छे काम में जरा सी चूक बहुत भारी पड़ सकती है, चाहें कितना बड़ा बदमाश ही क्यूं न हो। अभी पिछले दिनों कोतवाली में जो बदमाश पुलिस ने मारा था, उसमें सभी अफसरों की हाई कोर्ट में पेशी हो रही है।'

संग्राम सिंह सचमुच हैरान हैं। नई स्थितियां उनकी समझ से परे हैं। जिस काम में जनता की भरपूर सराहना मिलती है, उसी में कर्मचारी जेल जाते हैं, विभागीय रूप से दंडित होते हैं। संग्राम सिंह कुछ वर्षों पूर्व चल रहे आतंकवाद को अक्सर याद करते हैं। सरकार और जनता दोनों ही उससे किस बुरी तरह त्रस्त थे। तब पुलिस को उससे मुकाबला करने के लिये पूरी छूट दी गई थी। एकमात्र ध्येय था आतंकवाद को कुचलना। तब पुलिस द्वारा प्रयुक्त साधनों पर कोई ऊंगली नहीं उठाता था। केवल लक्ष्य और परिणाम से हर किसी का सरोकार था। और अब...., उन्हीं मामलों में सैकड़ों पुलिस वाले जेलों में बंद हैं, मुकदमे झेल रहे हैं, मानवाधिकारों के उल्लंघन के दोषी करार दिये गये हैं।

थानेदार संग्राम सिंह की पीड़ा को भांप गया है। उसने हंस कर कहा है, 'अरे दीवान जी, लोकतंत्र है यह। जनप्रतिनिधियों को साथ लेकर अब सब काम करना सुरक्षित है।'

संग्राम सिंह हतप्रभ से खड़े हैं और फिर सैल्यूट कर चल दिये हैं।

दोपहर में थानाध्यक्ष कार्यालय में प्रधान, देसी शराब का ठेकेदार और दो अन्य व्यक्ति मौजूद हैं। संग्राम सिंह इन दो नये लोगों को तो नहीं जानते पर वह इस बैठक

के उद्देश्य को अच्छी तरह जानते हैं।

'प्रधानजी, इस मामले में हमारी मदद कीजिये...।' थानेदार चिरौरी भरे स्वर में कह रहे हैं, '396 होने से मामला बड़ा सीरियस हो गया है। अब इसमें जल्दी ही कार्रवाई नहीं हुई तो दो -चार की नौकरी पर बन आयेगी।'

'आप हुकुम करो...।' एक रहस्यमयी मुस्कान के साथ प्रधान ने कहा है।

'अरे प्रधान, तुमसे हमेशा साफ बात की है। उस बूढ़े को तुरंत बुलवा दो। लड़के की बाबत पूछताछ करके छोड़ देंगे...।'

'सुमेर को, वो तो सीधा सादा आदमी है। आप कहें तो उसके लड़के कन्हई को ही ले आता हूं...।'

'सच..., फिर तो काम हो जायेगा दोस्त...। कहां है वो...?' थानेदार चहक उठा है।

'अब आपको इससे क्या लेना देना, आपका काम हो जायेगा। पर साहब, एक तो हमारी इज्जत रख लें। लौंडे के हाथ पैर सलामत रहें और अगर दोषी है तो साबुत जेल चला जाये...।' फि...फि...फि...कर वह जोर से हंस दिया है और इसी बीच उसने जेब से गुटके का पाउच खोलकर उसे मुंह में खाली कर दिया है।

'और दूसरा...?' थानेदार ने ही पूछा है।

'दूसरा काम तो आप जानते ही हैं। यह सहगल साहब का सारा काम आपकी कृपा पर निर्भर है। दो पैसे कमा लेंगे तो हम दोस्तों का भी भला हो जायेगा। हफ्ते में दो बार तस्करी की शराब का ट्रक आयेगा...।'

'दो बार, उस दिन तो एक बार का तय हुआ था...।'

'बस इनकी हिम्मत नहीं हुई । एक से कहां काम चलता है। जो सेवा कहेंगे, ये करेंगे।'

थानेदार ने ठेकेदार की ओर देखा तो उसने हाथ जोड़ कर मुस्करा कर नजरें नीचे झुका लीं हैं। थानेदार समझ गया कि डकैती के अभियुक्त के खातिर इस समय यह शर्त मंजूर करना ही बेहतर है। वह हंस दिया है।

'बस आज रात तक लौंडा आपके पास होगा...।'

'ठीक है। उससे बात करके हम भी तसल्ली करना चाहते हैं जिससे फिर दूसरी लाइन देखें। दो दिन में अभी कुछ प्रोग्रेस नहीं हुई है। बुढ़िया वेसे ही खिसक गई है और कहीं बुड्ढा भी ईश्वर को प्यारा हो गया तो यह वारदात काण्ड में तब्दील हो जायेगी।'

'मैं समझा नहीं...?' सहगल ठेकेदार ने पूछा है।

'किसी घटना में जब राजनीति घुस जाती है,यानी उसका राजनीतिक फायदा किसी पार्टी को दिखलाई देने लगता है,तब उस पर जम कर गुटबाजी होती है,तरह

तरह के मोर्चे खुल जाते हैं, एसेम्बली में बहसें होती हैं, विरोधी दल एकाध बार बायकाट करते हैं, या फिर शोर शराबे में एसेम्बली टाल दी जाती है, बस तब लोग इसे काण्ड कहने लगते हैं। नारायणपुर काण्ड, बागपत काण्ड वगैरहा...। हर साल ऐसे दो चार काण्ड चर्चा में आ ही जाते हैं।'

'पर यह तो सीधा-सादा डकैती का मामला है...।' सहगल ने पूछा है।

'है भाई, पर हरिजनों का मामला है, औरत मर गई है, आदमी की हालत भी नाजुक है। नेतागिरी करने के लिये इतना काफी है ।'

वे सभी शांत रहकर चाय सुढ़क रहे हैं। अचानक सहगल ने कहा,' पर दरोगा जी, पुलिस तो ऐसे मामले में किसी को भी बंद कर अपनी कारगुजारी दिखा सकती है। कोई नामजद मुल्जिम तो है नहीं, किसी भी बदमाश को बंद करके डकैती खोल दीजिये। कुछेक के नाम मत खोलिये। जब असली मुल्जिम पकड़े जायें तो उन्हें भी शामिल कर लीजिये....।'

थानेदार मुक्त स्वर से हंसा है और देर तक खिलखिलाता रहा है ।

'पुलिस के कामकाज की अच्छी जानकारी है तुम्हें।'

'रात दिन आप लोगों का साथ है। हमें तो नीचे से ऊपर तक बनाकर रखना पड़ता है। हमारे लिये तो सिपाही की नाराजगी भी भारी पड़ सकती है। इसलिये सिपाही से लेकर कप्तान साहब तक सलाम बजाना पड़ता है।'

'पर हमारे कप्तान साहब तो ईमानदार हैं।'

'वो ठीक है। पर उससे ज्यादा फर्क कहां पड़ता है। हां कभी-कभी दिक्कत जरूर होती है। हम तो वैसे भी यह चाहते है कि जिसका जो हिस्सा बने, वह ले और हमें अपना काम अपने हिसाब से करने दे।'

एकाएक प्रधान उठ खड़ा हुआ है ।

'अच्छा साहब, चलते हैं। कन्हई रात तक आपके हवाले होगा पर हमारी इज्जत का ख्याल रखें। जल्दी पूछताछ करके छोड़ देना। वेसे भी पहले कभी नहीं पकड़ा गया है...।'

'अरे तुम लाओ तो उसे...।'

बैठक विसर्जित हो गई है।

संग्राम सिंह तफतीश के एक नये ढंग से परिचित हो रहे हैं...,पुलिस की कार्यप्रणाली की एक नई शैली से रूबरू हो रहे हैं।

यही उनकी परेशानी का कारण भी है....।

हर पुलिस अफसर के लिये दोपहर की नींद लाजमी है। रात को अक्सर देर से सोने के कारण यह उसकी पूर्ति भी करती है और अगली रात की तैयारी भी....। क्या मालूम अगली रात आंख झपकने को मिले भी या न मिले...! हां, इस

नींद को नये-नये नाम दिये जाते हैं- कहीं यह 'लंच' है, तो कहीं 'रेस्ट', कहीं 'क्वाटर पर गये हैं' तो कहीं 'साहब मौजूद नहीं हैं'....।

अमूमन इस एक-डेढ़ से तीन घंटे तक चलने वाले रेस्ट को काफी सम्मान दिया जाता है और उसमें खलल पहुंचाने की नौबत किसी विशेष परिस्थिति में ही आती है।

पर आज यह नौबत आन ही पहुंची है। थाने पर तैनात खुफिया इकाई के सिपाही ने खबर दी है कि दोपहर तीन बजे से जिले के अनुसूचित जाति मोर्चे ने थाने के समक्ष प्रदर्शन और धरना देने का कार्यक्रम बनाया है। सौ -डेढ़ सौ की संख्या में लोग जुटेंगे और नारेबाजी, प्रदर्शन के साथ धरना देते हुये पुलिसकर्मियों के विरुद्ध कार्रवाई की मांग करेंगे।

यह भी खबर आई है कि स्थानीय विधायक आज रमपुरा का दौरा कर रहे हैं और वापसी में थाने पर भी आयेंगे। जाहिर है कि वह इस मामले में कार्रवाई और गिरफ्तारी के लिये जोर डालेंगे।

थानेदार की आशंका सही साबित होती लग रही है। कोई भी राजनीतिक दल अब पीछे रहने वाला नहीं है। अब यह केवल रमेसर और उसके परिवार का ही मामला नहीं रह जायेगा बल्कि पूरे हरिजन समाज की सुरक्षा और अस्मिता का प्रश्न बन कर सामने आयेगा। इसलिये सभी दलों द्वारा इस मुद्दे पर अपनी चिंता और समर्थन प्रदर्शित किया जाना अनिवार्य है।

संग्राम सिंह जानते हैं कि अब ये कार्यक्रम कई दिनों तक चलते रहेंगे और पुलिस वालों को डकैती का पता लगाने के साथ साथ कानून व्यवस्था का भी मुस्तैदी से पालन कराना होगा। स्वाभाविक है कि अपराध और कानून व्यवस्था में कानून व्यवस्था की प्राथमिकता होगी। डकैती का पता चले या न चले, पर ला एण्ड आर्डर में किसी प्रकार की चूक थानेदार के लिये काफी मंहगी साबित हो सकती है। इसलिये अब थानेदार का सारा ध्यान प्रदर्शन, धरने, मोर्चे, घिराव को निबटाने में रहेगा और डकैती खोलने का सारा दारोमदार संग्राम सिंह पर....।

थानेदार को खबर हुई तो वह तुरंत वर्दी पहन कर अपने कार्यालय में आ गया है। सभी कर्मचारियों को कमरबंदी में रहने का हुकुम दे दिया गया है जिससे आवश्यकता पड़ने पर फोर्स उपलब्ध रहे। पड़ौस के थाने से डेढ़ सेक्शन पीएसी भी डिप्टी साहब की अनुमति के बाद बुलवा ली है जिससे शो आफ फोर्स बना रहे और बल प्रयोग की कोई नौबत ही न आये।

सभी अधिकारियों को इसकी सूचना दे दी गई है। जिलाधिकारी और पुलिस अधीक्षक ने परगना मजिस्ट्रेट और पुलिस क्षेत्रधिकारी को स्थिति पर निगरानी रखने का हुकुम दिया है। वे दोनों ही मुख्यालय से चलकर पास के एक डाकबंगले में

आकर रुके हुये हैं जिससे स्थिति बेकाबू होने पर वे तत्काल मौके पर पहुंच कर उसे नियंत्रण कर सकें। दरअसल प्रशासनिक सूझबूझ के तहत यह रणनीति बनाई गई है क्योंकि यदि वे धरने अथवा प्रदर्शन पर आरम्भ से ही मौजूद रहेंगे तो उसे निष्प्रभावी करने के लिये उनसे उच्च स्तर के अधिकारी की मांग की जायेगी। दरअसल प्रदर्शनकारियों को यह यकीन दिलाना जरूरी है कि उनके प्रदर्शन की महत्ता और गंभीरता को देखते हुये तत्काल दो वरिष्ठ अधिकारी मौके पर पहुंचे हैं। थानेदार को उनकी लोकेशन का पता है और वह अच्छी तरह समझता है कि उन्हें कब बुलाया जाना है।

एक जुलूस की शक्ल में लगभग सौ लोगों का एक हुजूम नारे लगाते हुये थाने पहुंचा है-

‘ पुलिस मुर्दाबाद, पुलिस हाय हाय,गरीबों की हिफाजत हो, गरीबों को न्याय मिले.... ।

थानेदार अपने कार्यालय से निकल कर मुख्य द्वार पर आ गये हैं और निर्विकार भाव से उन कर्णभेदी नारों को सुन रहे हैं। वह जानता है कि थाने के द्वार पर पूरे उत्साह और उग्रता से नारेबाजी का प्रदर्शन मोर्चे की सफलता के लिये अनिवार्य है,ठीक उसी तरह जैसे बारात के लड़की वाले के घर पहुंचने पर बारातियों का नाच और उत्साह अपने चरम पर पहुंच जाता है।

‘ भाइयो...,’ एकाएक एक नेतानुमा युवक थाने की चारदीवारी पर खड़ा होकर चीखने लगा है, ‘हम लोग यहां प्रदर्शन और धरने के लिये आये हैं। आप लोग अपने-अपने स्थान पर बैठ जायें। बोलो हरिजन एकता जिन्दाबाद, जय अम्बेडकर, जय भीम... ।’

तेज नारों और शोर शराबे से एक अराजकता का माहौल पैदा हो गया है। सड़क के दोनों ओर यातायात अवरुद्ध हो गया है। तमाशबीनों की बड़ी जमात वहां जमा हो गयी है। थाने में रह रहे परिवारों से भी बच्चे निकल कर इस प्रदर्शन का आनंद उठा रहे हैं।

थानेदार को लगा है कि अब उसके हस्तक्षेप का समय आ गया है। इशारे से उसने नवयुवक को नीचे बुलाया है और तेज स्वर में कहा है,‘ नेताजी, आकर बात तो कीजिये... ।’

‘हमें कोई बात नहीं करनी। मुल्जिमों की चौबीस घंटे में गिरफ्तारी हो, यही हमारी मांग है। जब तक कार्रवाई नहीं होती है, हम भूखे प्यासे यहीं धरने पर रहेंगे, चाहें हमारा दम ही क्यूं न निकल जाये। हमारे भाइयो को लूटा जा रहा है, निर्दोष की हत्या हो रही है और दो दिन बाद भी कोई कार्रवाई नहीं की गयी है। बोलो पुलिस मुर्दाबाद..., पुलिस हाय हाय.... ।’

'...हरामी में पूरी नेतागिरी है' थानेदार ने सोचा है- यह साला कहां से नेता पैदा हो गया, इसे तो अभी तक देखा ही नहीं वरना बात करने में सुविधा होती। एलआईयू वाले ने भी पूरी जानकारी नहीं दी। वैसे भी इस प्रदर्शन की खबर ऐन वक्त पर मिली वरना नेताओं से पहले बात कर ली जाती है, सौदेबाजी भी हो जाती है। आखिर उनके भी परिवार हैं, उन्हें भी अपने बच्चे पालने हैं, आखिर यही तो इनका जरिया माश है...।

'देखो, हम पूरी मुस्तैदी से इस वारदात में लगे हुये हैं।' थानेदार ने तेज आवाज में कहा है, 'हमें चौबीस घंटे नहीं, सिर्फ बारह घंटे की मौहलत दीजिये। सही मुल्जिम को मय माल के गिरफ्तार करके आपके सामने रखा जायेगा।'

'पर दो दिन से पुलिस क्या कर रही थी ? गरीबों को लूटा जा रहा है, उनके कत्ल हो रहे हैं और पुलिस बेफिक्र है, अपराधियों से मिल गयी है पुलिस...। बोलो, गली गली में शोर है, हमारी पुलिस चोर है...।'

' चूतिया घिसे-पिटे नारे लगा रहा है', थानेदार ने सोचा, 'इसका मतलब है कि इस प्रदर्शन की कोई खास तैयारी नहीं की गई है वरना कुछ नये नारे जरूर कानों में गूंजते....।'

'आओ, अंदर बैठ कर बात करते हैं...।'

एकाएक भीड़ चीखती है, 'अंदर नहीं , यहीं सड़क पर बात होगी ...। '

'जैसी जनता की मर्जी, बोलो,आप लोग चाहते क्या हैं..?' थानेदार ने नेता से कहा है।

'हमें आपसे बात नहीं करनी , डीएम, एसपी को बुलवाओ...।' उसी नेता ने उत्तर दिया है।

थानेदार इसके लिये तैयार है।

'अभी खबर कर देता हूं, पर उन्हें हैडक्वाटर से आने में काफी वक्त लगेगा। इस चिलचिलाती धूप में कब तक खड़े रहोगे। आओ अंदर आकर पेड़ के नीचे बैठ जाओ..।'

थानेदार का दांव काम कर गया है और भीड़ का एक रैला थाने के अंदर प्रवेश कर गया है। जिसको जहां साया मिला है, वह वहीं टिक गया है।

चौकीदारों को पहले से पानी के इंतजाम के साथ तैयार रखा गया है। बाल्टी और प्लास्टिक के मग के साथ वे सभी को पानी पिला रहे हैं। नेताजी के लिये पेड़ की छांह में एक कुर्सी डाल दी गई है। वह कुछ देर वहां बैठा अवश्य है पर उसे लगने लगा है कि इस आवभगत में प्रदर्शन का टेम्पो खत्म हो रहा है। उसने उठ कर बोलना शुरु कर दिया है,' भाइयो, हमारे गरीब हरिजन भाइयो के घरों में जम कर वारदातें हो रही हैं, उनकी सुरक्षा पर कतई ध्यान नहीं दिया जा रहा है। अमीर और असरदार

आदमी के यहां चोरी होने पर भी पूरा पुलिस विभाग ऐढ़ी के बल खड़ा हो जाता है और यहां डकैती के साथ कत्ल जैसी गंभीर वारदात पर भी दो दिन में कोई कार्रवाई नहीं होती है और हमें पेड़ की छांह में बिठा कर, पानी पिला कर टरकाया जा रहा है। पर हमने भी आज तय कर लिया है कि जब तक कोई बड़ा अफसर हमारी मांगों को आकर नहीं सुनेगा तब तक हम भूखे प्यासे यहीं बैठे रहेंगे...।'

तभी गाड़ी के हूटर की तेज आवाज कानों में पड़ने लगी है जो वरिष्ठ अधिकारी के आगमन का संकेत है। सभी लोग अपने अपने स्थान पर खड़े हो गये हैं। उत्तेजना का एक उबाल सा वहां आ गया है- पुलिस मुर्दाबाद, पुलिस हाय-हाय के नारे आकाश में गूंज रहे हैं।

परगना मजिस्ट्रेट और पुलिस उपाधीक्षक उतर कर बीच में आ गये हैं।

नेताजी और कुछ अन्य लोगों को अलग बुला लिया गया है।

वार्ता आरम्भ हो गई है । चौबीस घंटे में कार्रवाई का आश्वासन दिया गया है।

नारे लगाते हुये भीड़ छंटने लगी है।

थानेदार ने नेता को रोक लिया है- उसका अतापता जानने के लिये ताकि भविष्य में उसे हमवार किया जा सके...।

परगना मजिस्ट्रेट और पुलिस उपाधीक्षक को विदा करके थानेदार ने एक तेज अंगड़ाई ली ही है कि तेज हूटर बजाती एक गाड़ी जैसे थाने को चीरते हुये कमरे में प्रवेश करती चली आ रही है। थानेदार को समझने में देर नहीं लगी कि अब विधायक से मुठभेड़ करनी है उसे।

अपने कमरे से बाहर निकल कर लाल बत्ती लगी क्वालिस से उतरे विधायक का मुस्करा कर स्वागत किया है उसने। विधायक के साथ दो वर्दीधारी अंगरक्षक और एक सादे कपड़े में शैडो है। इनके अतिरिक्त चार अन्य व्यक्ति कंधे पर रायफिल टांगे हुये हैं। सुरक्षा के इस अमले के बिना इस जन प्रतिनिधि का जीवन एक दिन भी सुरक्षित नहीं है।

जिस थाने पर थानेदार झुककर विधायक जी का स्वागत-सत्कार कर रहा है, वहीं का बंद शुदा हिस्ट्री शीटर है यह विधायक। लगभग पंद्रह वर्ष पूर्व फिरौती के लिये अपहरण के एक मामले में नाम आने पर इसकी हिस्ट्री शीट खोली गयी थी। अगले पांच वर्षों में इसका आपराधिक इतिहास लगातार समृद्ध होता चला गया। हत्या, लूट, डकैती और फिरौती के लगभग बीस अभियोग इसके विरुद्ध पंजीकृत हैं। पांच, छह मामलों में यह जेल भी जा चुके हैं पर न्यायिक प्रक्रिया की मेहरबानी से आज तक इन्हें सजा नहीं मिल सकी है। पिछले दो बार से यह विधायक हैं और पिछली बार रिकार्ड मतों से विजयी होने का कीर्तिमान स्थापित किये हैं। अपने

खिलाफ लिखे सभी मुकदमों को राजनीतिक प्रतिद्वन्द्विता के कारण खारिज करते हैं।

लगभग आठ साल पहले तक वह एक फरार और लापता हिस्ट्री शीटर था। लगातार पांच वर्षों तक थानेदार ने अपनी वार्षिक टिप्पणी में उसे एक शातिर और सक्रिय अपराधी अंकित किया था। दरअसल उसका नाम एन्काउन्टर वाली सूची में भी था पर इन वर्षों में अपने राजनीतिक संरक्षण के फलस्वरूप उसे कभी गिरफ्तार तक नहीं किया जा सका। एकाएक तत्कालीन मुख्यमंत्री की जन सभा में उसका आर्विभाव हुआ, मंच से उसके पार्टी में प्रवेश करने की घोषणा की गई जिसके एवज में उसने मुख्य मंत्री को चांदी के सिक्कों से तोला था और सोने का एक मुकुट भेंट किया था। अगले एक सप्ताह में राज्य सरकार द्वारा उसके खिलाफ चल रहे तमाम मुकदमों को वापस लेने का निर्णय ले लिया और रातों रात एक कुख्यात, फरार अपराधी लकदक सफेद खादी पहने गांव के लोगों के बीच हाथ जोड़ता नजर आने लगा। अगले आम चुनाव में उसे पार्टी का टिकिट मिलना तय था हालांकि आम चर्चा थी कि टिकिट के लिये उसने बीस लाख की थैली भेंट की थी।

अब वह एक सम्मानित जन प्रतिनिधि है, क्षेत्र में उसका रुतबा है, धनधान्य से भरपूर है। लगभग बीस ट्रक, जीप, बसें किराये पर चलती हैं। एक चीनी मिल भी लग रही है। आम चर्चा है कि अगले मंत्री मंडल विस्तार में कम से कम स्वतंत्र प्रभार का राज्य मंत्री अवश्य बनाया जायेगा ।

जो आदमी पुलिस के सिपाही को देख कर गांव छोड़ देता था, उसने उतर कर गुटके के पीक की पिचकारी थाने की दीवार के पास मारी है और कंधे पर टंगी तौलिया से अपने चेहरे, बदन को झाड़ा-पौंछा है। फिर चारों तरफ नजरें घुमाकर थाने को अजीब वितृष्णा और उपहास भरी दृष्टि से देखा है।

'आइये विधायक जी...।'

'अरे नमस्कार सिंह साहब, नमस्कार। अब आप तो मिलते-जुलते ही नहीं, सो हमने सोचा कि हम ही मिल लें।' टेढ़ी मुस्कान और तंज भरे शब्दों से उसने कहा है ।

'कैसी बातें करते हैं, विधायक जी। आप यहां रहते ही कहां हैं। जब पता किया तो लखनऊ, दिल्ली होना ही पता चला । हमने भी सोच लिया था कि अब मौका आ ही रहा है तब वर्दी पहन कर सलाम करेंगे और मिठाई भी खायेंगे...।'

फि...,फि...,फि..., करके विधायक जोर से हंसे हैं। थानेदार जानता है कि मंत्री बनने की संभावना जता कर उसने उनके अंदर तक गुदगुदी कर दी है, भले ही मन ही मन वह इस व्यवस्था को कोस रहा है जिसने ऐसे अपराधियों के सामने उसे झुकने को विवश किया है।

'तो आपको भी खबर है...। अब देखिये, अगली बार होना तो चाहिये।

मुख्यमंत्री जी तो कैबिनट रेंक देना चाहते हैं पर आप जानते हैं कि पार्टी में अन्दरूनी काफी खींचतान रहती है। कल ही बुलाया था, मैंने कह दिया कि पहली बार है, राज्य मंत्री ही बना दीजिये। इसे अपनी प्रतिष्ठा के प्रश्न से मत जोड़िये...।'

थानेदार के कार्यालय में आकर वह थानेदार की कुर्सी पर बैठ गये हैं। आजकल विधायक लगभग सभी कार्यालयों में जाकर आकस्मिक निरीक्षण करते ही हैं, तो फिर थाना कोई अपवाद क्यों हो भला...।

'दरोगा जी,' पानी का गिलास खाली कर उन्होंने कहा है, 'कुछ गरीबों का भी ख्याल कीजिये। बड़ी खराब घटना हुई है। उनकी दुर्दशा देखकर मेरा तो दिल ही रो पड़ा। मेरे क्षेत्र में ऐसी घटनायें...! लानत है हम सब पर...। बदमाशों को अब इतनी छूट मिली हुई है। लूटपाट और निर्दोष की हत्या... । फिर दो दिन हो गये और अभी तक कोई कार्रवाई नहीं...। बताइये क्षेत्र में कैसे मुंह दिखाऊंगा...।'

'विधायकजी , क्या बतलाऊं..., एक दिन पहले ही गांव में गश्त गई थी...।'

'अरे दरोगा जी, आपके कर्मचारी गश्त करते कब हैं। मुझसे क्यूं सुनना चाहते हैं कि ये लोग हलके में क्या करते हैं। आधे लोग तो दारू पीकर सोये रहते हैं और कुछ....। खैर छोड़िये, आप सब जानते हैं।'

'पर अच्छे कर्मचारी भी हैं। पर दुर्भाग्य देखिये कि गश्त के अगले दिन ही डकैती पड़ गई। लेकिन केस जल्दी ही वर्क आउट होगा।'

'हां, माल मुल्जिम का पता चलना चाहिये। मैं तो सीधे लखनऊ जा रहा हूं। हरिजन का मामला है, क्या मालूम मुख्यमंत्री जी पूछ ही बैठें। इसलिये चटपट कार्रवाई करिये। मुख्यमंत्रे जी से कह कर इन लोगों को कुछ आर्थिक सहायता दिलवा दूंगा...।'

थानेदार जानता है कि मुख्यमंत्री को संदर्भित कर विधायक अपना प्रभाव जमाना चाहता है। उसने चाय, नाश्ते का इंतजाम कर रखा है ।

'तो सिंह साहब, एकाध दिन में उम्मीद की जाये। हां, सुना है कि आज तो आपके थाने पर प्रदर्शन भी हुआ था। थाने पर प्रदर्शन अच्छी बात नहीं है। थानेदार की कमजोरी पता चलती है इससे।'

'विधायक जी, आप आश्वस्त रहें। कड़ी कार्रवाई करूंगा। ईश्वर ने चाहा तो चौबीस घंटे में सफलता मिलेगी।'

'हां, वही जरूरी भी है...। मुख्यमंत्रे जी को आश्वस्त करना होगा कि यहां की पुलिस मुस्तैद है। कुछ गश्त वगैरहा बढ़ाइये। सिपाहियों से कह दीजिये जिसके हलके में घटना होगी, उसके खिलाफ कार्रवाई होगी। पुलिस चौकन्नी रहेगी तो बदमाश कैसे बच पायेगा।'

'आप निश्चिंत रहें विधायक जी...।' थानेदार ने अपनी झुंझलाहट को किसी प्रकार नियंत्रित करते हुये कहा है...।

'अच्छा चलते हैं ...।' विधायक उठ खड़े हुये हैं।

'अरे जरा बैठिये...। लखनऊ जाना है , गाड़ी का तेल पानी तो चेक करा लें।'

विधायक मुस्करा कर बैठ गये हैं।

थानेदार ने कारखास के एक सिपाही को एक हजार रुपये थमाये हैं,' जाओ, विधायक जी की गाड़ी की टंकी फुल करवा दो....।'

देर रात में प्रधान डकैती की घटना में संदिग्ध कन्हई के साथ थाने में मौजूद है। थानाध्यक्ष कक्ष में एक कोने में एक लड़का खड़ा है।

थानेदार ने संग्राम सिंह को बुलवा लिया है।

'लीजिये दीवान जी, प्रधानजी की मदद से लड़का मिल गया है। अब जो पूछताछ करनी हो कर लीजिये। पर हां, यह जरूर ख्याल रखना कि इसे प्रधानजी लाये हैं। कोई मुफीद जानकारी मिले तो मुझे भी खबर कर देना।'

थाने के एक क्वाटर में पूछताछ कक्ष बना हुआ है। दो तीन मोटे लट्ठ, बेलन, बल्लम और कुछ रस्सों से सुसज्जित है यह कमरा। कमरे में एक मेज और बेंच भी पड़ी है। मेज पर एक यंत्र भी रखा हुआ है जिसका प्रयोग अब तहकीकात में पुलिस द्वारा वैज्ञानिक संसाधनों के प्रयोग के नजरिये से किया जाता है क्योंकि इससे हल्के बिजली के शॉक दिये जाते हैं। दस गुना दस के उस कमरे में न तो कोई खिड़की है और न ही कोई रोशनदान..।

इन्टेरोगेशन टीम में संग्राम सिंह के अलावा श्रीराम और केवल राम शामिल हैं। शुरुआत से ही लड़का हर सवाल का जवाब नकारात्मक दे रहा है। घटना की रात से अपनी अनुपस्थिति के बारे में उसने कोई संतोषजनक उत्तर नहीं दिया है। हैरत की बात यह है कि उसके चेहरे पर न तो भय है और न ही पुलिस हिरासत में होने का आतंक...। आखिर प्रधान ने पूर पांच हजार में सौदा किया है।

अपने पिता की गिरफ्तारी के बाद वह जानता था कि पुलिस को उस पर संदेह हो गया है। पहले तो अपने पिता को छुड़ाने में उसने पूरे तीन हजार रुपये खर्च किये हालांकि उस समय भी मांग पांच ही की गई थी। पर वह क्या पूरा गांव जानता था कि सुमेरू को केवल दवाबवश थाने ले जाया गया है। असली लक्ष्य तो कन्हई ही था। दूसरी सौदेबाजी कन्हई को लेकर हुई। तय यह हुआ था कि पुलिस उससे पूरी मानवीयता यानी थर्ड डिग्री रहित पूछताछ करेगी और सुबह तक या तो उसे छोड़ दिया जायेगा अथवा दफा पच्चीस शस्त्र अधिनियम में एक तमंचे के साथ जेल रवाना कर दिया जायेगा। इसलिये उसे डरने की क्या जरूरत थी । हालांकि वह एक सत्यता

से अनभिज्ञ था...।

थानेदार से हुयी सौदेबाजी की संग्राम सिह या पूछताछ करने वाले इन सिपाहियों को कुछ पता नहीं था और संग्राम सिह तो पूरे उत्साह, पूरी उग्रता और पूरे पुलिसिया अनुभव के साथ पूछताछ करने जा रहे थे।

कुछेक सवालों के बाद भी जब कन्हई पर पर कोई असर नजर नहीं आया तो संग्राम सिंह ने हाथ छोड़ दिया। उनका धैर्य जवाब दे गया है। दो झन्नाटेदार झांपड़ों से कन्हई बुरी तरह हिल गया है।

'हरामी के बेलन चढ़ाओ, तब सही बात बतायेगा ...।' वह श्रीराम से कहते हैं।

'अरे उस्ताद क्यों बवाल में पड़ते हैं...,' श्रीराम कान में फुसफुसाया है, 'मरगिल्ला सा लौंडा है, झटका खा गया तो लेने के देने पड़ जायेंगे...।'

संग्राम सिंह रोष और हैरत भरी नजरों से श्रीराम को देखते हैं, 'क्या हो गया है तुम्हें...? कोई पहली बार यह काम कर रहे हैं। दरयाफ्त में सख्ती तो करनी ही पड़ती है...।'

दरवाजा खोलकर वह श्रीराम का हाथ पकड़ कर बाहर ले आये हैं, 'इसी तरह सवाल जवाब करने हैं तो फिर थाने लाने की ही क्या जरूरत है। यह काम तो इसके घर पर भी किया जा सकता है। पर याद रखो, बच्चा भी मार खाये बिना अपनी गलती नहीं कुबूल करता है ...।'

'पर दीवानजी, क्यूं..., किस कानून के तहत...। रोज तो अखबारों में पढ़ते हैं कि हिरासत में मारपीट बंद हो ...। सरकार और अदालत तो छोड़िये, अपने अफसरान तक थर्ड डिग्री रोकने के लिये रोज ब्यान देते हैं...। न जाने हमारे कितने साथी आज सजा भुगत रहे हैं, जेल तक जा रहे हैं...। आखिर क्यूं...? क्यूं करें हम यह मारपीट...? नहीं कुबूलता तो न कुबूले अपना जुर्म...। कुछ बरामदगी हो तो ठीक है वरना छोड़ दीजिये। वैसे भी बिना बरामदगी के अदालत हमारी गिरफ्तारी पर कब यकीन करती है...।'

संग्राम सिंह अचरज भरी नजरों से श्रीराम को देख रहे हैं। एक आघात सा महसूस किया है उन्होंने...। वह विश्वास ही नहीं कर पा रहे कि उनका एक साथी एक अपराधी के समर्थन में कोई तर्क प्रस्तुत कर रहा है। पर हमेशा की तरह कुछ पल शांत रह कर वह अपने को उबार ले जाते हैं, 'क्या कहते हो भाई..! पुलिस का काम ऐसे चला है कभी...? लोगों के कहने से क्या होता है, चाहते तो सभी सख्ती हैं...।'

'पर दीवान जी, चाहने की बात पर गौर मत किया करिये...। अब जो कहा जाये, वही बात मानी जानी चाहिये...बल्कि कहना भी छोड़िये, जो लिख कर दिया

जाये, उसी का पालन करना चाहिये वरना कही बात से मुकरने में क्या देर लगती है...।' श्रीराम ने चेहरा बिगाड़ते हुये कहा है।

'पर श्रीराम, लोगों को इस बात पर कहां एतराज है...। पिछले हफ्ते चेयरमैन के यहां हुई चोरी को भूल गये क्या...। कैसे एक एक इस्तबाह को थाने लाकर पीटा जाता था। कई बार कस्बे के मुअज्जिज लोग भी मौजूद रहते थे, अखबारनवीस भी...। मेरे ख्याल से दस बारह लोगों से पूछताछ हुई होगी। पर चोर तो उसमें एक ही निकला, बाकी सब तो बेगुनाह ही पिटे। पर न तो किसी ने पुलिस पर ऊंगली उठाई और न ही अखबार में एक लफ्ज भी छपा ,बल्कि चोरी खुलने पर सभी ने पुलिस की तारीफ ही की। शुरु में तो दरोगा जी की यह शिकायत ही की गई थी कि वह सख्ती नहीं कर रहे हैं...। और भाई, बिना सख्ती के कोई मुल्जिम अपना जुर्म नहीं कुबूलता, माल बरामदगी की तो बात ही छोड़ दो...।'

अब श्रीराम जोर से हंस दिया है। उसकी इस हंसी पर संग्राम सिह चकित भी हैं और आहत भी...।

'दीवान जी, आप भी भोले बाबा ही हैं। चेयरमैन साहब गांव के हरिजन नहीं हैं। वह वी आई पी है, मुख्यमंत्री के खासम खास...। उस चोरी का मुआयना करने कौन बड़ा अफसर नहीं आया...।'

'पर यह डकैती का मामला है...।'

'डकैती-वकैती क्या होता है..? अब जुर्म कौन देखता है। देखना पड़ता है कि जुर्म से कौन प्रभावित है। फिर उसी के हिसाब से कार्रवाई होती है...। अगर रमेसर की डकैती नहीं खुलेगी तो आसमान नहीं फट जायेगा...।'

'पर कप्तान साहब...?'

'क्या मुअत्तिल कर देंगे...? चलिये अध्यक्ष जी से बात करा दूं...।'

'कौन अध्यक्षजी..?'

'अरे पार्टी के जिलाध्यक्ष...। उनके एक फोन से डीएम , एसपी का तबादला हो जाता है...।'

'पर उनसे क्या मतलब...? कप्तान साहब हमारे हाकिम हैं। अपनी फरियाद उन्हीं से करेंगे। भइया, मैं तो आज तक किसी नेता-वेता के पास गया नहीं और न ही जाउंगा...।'

'जैसा आप ठीक समझें। मैं तो बात कर आया हूं अध्यक्षजी से...। मुझे अब कोई चिन्ता नहीं है...।'

श्रीराम अनमना सा दूसरी ओर मुंह करके खड़ा हो गया है। एक संवादहीनता उनके बीच आकर ठहर गई है। पहली बार संग्राम सिंह को आभास हुआ कि उन दोनों सहकर्मियों के बीच इतनी दूरी है कि उसमें सामंजस्य संभव ही नहीं है। कभी

उन्हें लगता है कि अनुभव और लम्बी सेवा के बाद श्रीराम सरीखे कर्मचारियों के अंदर भी परिवर्तन आ जायेगा। हालांकि उन्हें यह अहसास होता है कि नई पीढ़ी में यह बदलाव कहीं बहुत गहरा और स्थाई है। तब उनका हृदय पीड़ा और निराशा से भर उठता है।

'अच्छा, अब इससे तो पूछताछ कर लो...।'

'खुद दरोगा जी पूछताछ क्यों नहीं करते..?'

'एक ही बात है, वो करें या हम..।'

'दीवानजी, पहले शायद एक बात होती होगी पर अब नहीं। अब तो जो करेगा वही जिम्मेवार है...।'

'ठीक है, तो तुम तमाशा देखो, मुझसे तो यह बर्दाशत नहीं होता...।'

संग्राम सिंह ने झुंझला कर कहा है और अंदर आकर कन्हई पर लाठी बरसाना शुरु कर दिया है।

...लड़का चीख रहा है। उसका आर्तनाद थाने को चीर रहा है ।

...थाने का मुंशी थानेदार के पास खड़ा आज की डाक देखा रहा है ।

...प्रधान लेखक यानी हैड मोहर्रिर कस्बे की रात्रि गश्त की टोलियां निकाल रहे हैं।

...और संतरी थाने में प्रवेश कर रहे लोगों को 'हल्टिया' कर पुकार रहा है- चलो दोस्त, सब ठीक है...।

## - छह -

रात के तीसरे पहर में थाने पर एक अजीब सी सक्रियता एकाएक हावी हो चली है। कुछ कर्मचारी औनी-पौनी वर्दी और कुछ सादे कपड़े पहने थाना कार्यालय में जमा हो रहे हैं। देवेन पाण्डे और मोहम्मद रजा पुलिस की नौकरी को कोस रहे हैं जिसमें सप्ताह में बमुश्किल एक रात सोने को मिले और उसमें भी यह दबिश गले पड़ जाये। दोनों देर शाम को पूरे चौबीस घंटे बाद लौटे हैं। देवेन को गवाहों के सम्मन तामीली के लिये भेजा गया था और मोहम्मद रजा छोटे दरोगा चौहान के साथ तफतीश के सिलसिले में कहीं दूर गया था। अभी एक नींद भी पूरी नहीं हुई थी कि थाने के मुंशी ने आकर झकझोर दिया, 'चलो, दबिश में चलना है...।'

बेमन और मिचियाती आंखों से उन्होंने वर्दी पहनी है। इसीलिये पुलिस की नौकरी चौबीस घंटों की कही जाती है जिसमें अनुशासन की ऐसी तलवार लटकती रहती है कि आप किसी भी स्थिति में किसी काम को इनकार तो कर ही नहीं सकते। ऐसे में कर्मचारी के आचरण में चिड़चिड़ापन, क्रोध और खीझ आना लाजमी है।

संग्राम सिंह भी पिछले चौबीस घंटे से वर्दी में है। पर उनके चेहरे पर एक शिकन नहीं है। दरअसल वह मन ही बड़े प्रसन्न व उत्साहित हैं। आखिर उनकी कोशिश व परिश्रम का फल सामने आने जा रहा है।

कन्हई से पूछताछ में ज्यादा देर नहीं लगी। जो देर लगी तो केवल इसलिये कि प्रधान के संरक्षण के चलते उसे पुलिस से मारपीट तो दूर किसी दुर्व्यवहार की भी उम्मीद नहीं थी। शायद वह आश्वस्त था कि पूछताछ की थोड़ी बहुत औपचारिकता के बाद उसे मुक्त कर दिया जायेगा।

पर संग्राम सिंह पर न तो प्रधान का प्रभाव था और न ही थानेदार की किसी हिदायत का...। बहुत शीघ्र उनका धैर्य जवाब दे गया। वैसे भी कन्हई कच्चा अपराधी तो था ही। चार, छह डंडे तो उसने रोने पीटने में गुजारे पर जब संग्राम सिंह ने उसे समझाया कि अच्छे बदमाश पुलिस के सामने कभी झूठ नहीं बोलते और अदालत में कभी सच नहीं, तो यह बात उसके समझ में आ गई। उसने वारदात में सम्मिलित अपने परिचित मनोहर का नाम बतला दिया। बाकी गेंग वही मनोहर लाया था। मनोहर पास के अमरपुर थाने के सेलाकुई गावं का रहने वाला है और कन्हई के अनुसार दो, एक बार जेल भी जा चुका है- क्यों और किस सिलसिले में, उसे नहीं पता। रमेसर का लड़का प्रकाश उसका मित्र रहा है। पर अभी कुछ दिनों पूर्व प्रकाश ने आपसी खेल में कन्हई की अन्य मित्रें के सामने काफी पिटाई कर दी थी। उसने इस पर अत्यंत अपमानित महसूस किया। बदला लेने के कई रास्ते वह

खोजता रहा। और एक बार मनोहर से भेंट होने पर जब उसने प्रकाश के बहन के विवाह और उसके लिये चल रही तैयारी की जानकारी दी तो मनोहर ने बदले का यह रास्ता सुझाया था। घटना के समय वह मकान के बाहर तक तो आया था किन्तु अन्दर जाने का साहस नहीं जुटा पाया। और फिर पहचाने जाने का भी भय था। अन्दर से जब रोने, चीखने, चिल्लाने की आवाजें आई तो वह वहां से भाग निकला और अगले दिन अपनी ननिहाल चला गया।

तुरन्त थानाध्यक्ष को सूचना देकर संग्राम सिंह ने दबिश की योजना बनाई है। थानाध्यक्ष तैयार हो रहा है और उसके बतलाये आरक्षियों को तैयार होने के लिए कहा जा चुका है। दो, तीन नशे में धुत्त है, उन्हें छोड़ दिया गया है। पर ड्राइवर के बिना काम नहीं चल सकता। उसने भी आधी रात ठेके पर बिताई है। जगाने पर बिगड़ जाता है, 'पहले से यह सब प्रोगाम क्यों नहीं बतलाते...।' वह लड़खड़ाती आवाज में कहता है।

मालखाने से हथकड़ी, रस्सा, कुदाल, फावड़ा, गैंती आदि उपकरण ले लिये गये हैं। पता नहीं दबिश में कब किसकी आवश्यकता पड़ जाये। दीवार कूदने से लेकर दरवाजे तोड़ने तक की नौबत आ जाती है। इस लिये कुछ कर्मचारियों को सादे में रखा गया है। एक तो उन्हें देखकर लोग हो-हल्ला नहीं करते और दूसरे कूदने-फांदने में सुविधा रहती है। सब मिला कर आठ लोग हो गये हैं। निशादेही के लिये कन्हई भी लिया गया है। इस काम के लिए थाने पर रोजमर्रा की तरह खड़ी प्राइवेट जीप को भी ले लिया गया है। आगे आगे प्राइवेट जीप में थानेदार और बिना वर्दी के तीन आरक्षी और पीछे संग्राम सिंह अन्य साथियों के साथ सरकारी जीप में हैं।

गांव के बाहर जीप रोक ली गई है। दिन निकलने में अभी लगभग दो घंटे शेष है। दबिश डालने का यह आदर्श समय माना जाता है। आदमी क्या, जानवर तक गहरी नींद में डूबे रहते हैं।

'दीवान जी, जाकर प्रधान को बुला लाओ...।' थानेदार ने कहा है।

'पर क्यों साहब, कन्हई को घर पता है....।' संग्राम सिंह अचकचा कर पूछते हैं।

'घर तो पता ही होगा, पर दूसरा थाना क्षेत्र है और नया गांव है। प्रधान के साथ रहने से किसी ऊंच नीच की गुंजाइश नहीं रहती....।'

'साहब, साले बदमाश हैं। क्या मजाल है गड़बड़ करें...।'

'आप नहीं समझते। आज कल ऐसे मामलों में पब्लिक पुलिस से मजाहमत तक कर बैठती है। और कहने को यह हो जाता है कि दूसरे इलाके की पुलिस थी, हमें पता ही नहीं चला कौन लोग हैं। फिर जांच पड़ताल में भी यह पूछा जाता है कि आपने लोकल पुलिस को खबर क्यों नहीं की...।'

संग्राम सिंह चुप हो गये हैं। ऐसे अवसरों पर वह शांत अवश्य हो जाते हैं पर अन्दर ही अन्दर एक घुटन सी वह महसूस करते हैं।

'जाइये, बुला लाइये.....।' थानेदार उनकी दर्द व दुविधा को समझते हैं, 'अब बदमाशों के खिलाफ भी कार्रवाई सोच समझ कर करनी पड़ती है....।'

बेमन से संग्राम सिंह प्रधान को बुला लाये हैं। प्रधान इस प्रकार के कर्तव्यों के अभ्यस्त हैं। हफ्ते-दस दिन में पुलिस उन्हें रात में जगा ही देती है। प्रधान ने न कोई सहयोग देना स्वीकार किया है और न ही पुलिस कार्रवाई पर कोई आपत्ति की है। मिलने के तुरन्त बाद वह पुलिस पार्टी के आवभगत की तैयारी करने चला गया है।

'ठीक है दीवान जी, पहले आप चलो...।' थानेदार ने कहा,' मैं पीछे-पीछे आता हूं। रायफिल से दो कान्सटेबिल मेरे साथ छोड़ जाओ....।'

'पर प्रधान को लाने का क्या फायदा हुआ...?' संग्राम सिंह अभी भी परेशान हैं, 'वैसे शायद किसी को पता नहीं चलता पर अब यह सब को बतायेगा...।'

' अरे दीवान जी ,आप इन चीजों को लेकर क्यूं परेशान रहते हैं...,' थानेदार के चेहरे पर धीमी सी मुस्कान है और स्वर में तनिक झुंझलाहट,' आज कल क्या चीज छिपी रहती है। पर प्रधान को खबर देकर हमने अपना बचाव तो कर लिया...।'

सुनकर संग्राम सिंह बड़ा विचलित अनुभव करते हैं। वह नहीं समझ पाते कि ड्यूटी अन्जाम देने में बचाव का रास्ता तलाशना क्यों जरुरी है। अभी कुछ ही वर्षों से विभाग में इस प्रकार की कार्य शैली का चलन प्रचलित हुआ है जब हर आदमी कोई भी काम करने से पहले बचाव का रास्ता जरूर खोज लेता है...।

आखिर क्यों..?

वह बड़े उद्विग्न हैं..।

'बड़े दरोगाजी आये ही क्यों हैं...।' श्रीराम ने चलते चलते पूछा है, 'इससे तो थाने पर ही आराम करते....।'

एक फीकी सी मुस्कान संग्राम सिंह के चेहरे पर उतर आई है। यह प्रश्न उनके जहन में भी उभर रहा है। क्या यही नेतृत्व है....? इसी तरह कर्मचारियों का मनोबल ऊंचा रखा जाता है और उनके सम्मुख परिश्रम, निष्ठा व कर्तव्यपरायणता का आदर्श प्रस्तुत किया जाता है? उस पर तमाम हिदायतें, 'दीवान जी, साला भागने न पाये। घर को चारों तरफ से घेर लेना। हंगामे गिरफ्तारी में जो फोर्स इस्तेमाल हो जरुर करना। वैसे बेवजह की मारपीट न हो...। औरतों, बच्चों का खास ख्याल रखना। उनके साथ कोई बदसलूकी न हो....। मैं भी आपके पीछे आ रहा हूं।'

संग्राम सिंह मन ही मन किलसते हैं। वह जानते है कि अब वह समय खत्म

हो गया जब दरोगा ऐसे मौकों पर अपनी सूझबूझ और बहादुरी से सब मुलाजमानों के लिए एक नमूना पेश करते थे....। इसी का प्रभाव अब निचले स्तर के सभी कर्मचारियों पर भी देखा जा सकता है। उनके आंखों में न तो कोई चमक है, चेहरों पर न कोई उत्साह व गर्व और न उनकी चाल में वह जोश। उनके लिए दबिश क्या, हर काम एक भारी बोझ है।

संग्राम सिंह को याद है कि पहले इस प्रकार के अभियानों में सभी साथी कितना उत्साह दिखलाया करते थे। सब बढ़ चढ़ कर काम करने को तत्पर रहते। एक अजीब सा जुनून उनके ऊपर हावी दिखलाई पड़ता। ऐसे में असंभव कार्य भी बड़ा सहज और सरल बन जाता है।

बड़ी मुश्किल से केवल राम दीवार कूदने के लिए तैयार हुआ है। दरवाजा खुलते ही कुछ सिपाही अन्दर घुस गये हैं। कन्हई साथ में है। बरामदे में सो रहे मनोहर को तुरन्त दबोच लिया गया है। उसकी चीख के साथ ही घर में कोहराम मच गया है। मनोहर को घर के बाहर घसीट कर पुलिस चल दी है। पीछे-पीछे घर वाले चीख चिल्ला रहे हैं। गांव में जगार हो गई है। कुत्ते भोंकने लगे हैं। दूसरी दिशा से किसी ने हवा में फायर भी किया है। पर इससे बेखबर संग्राम सिंह मनोहर का हाथ जकड़े बढ़े जा रहे हैं।

कुछ ही क्षणों में दोनों गाड़ियां वहां से फुर्र हो गई हैं।

अब सबके चेहरों पर उत्साह है, उपलब्धि का भाव है। हर कोई अपनी भूमिका का बढ़-चढ़ कर बखान कर रहा है।

संग्राम सिंह भी संतुष्ट हैं पर शांत हैं......।

थाने की जीवन रेखा थमी हुई है हालांकि काम सब जारी है। हैड मोहर्रिर सब प्रविष्टियां भी कर रहे हैं-गश्त की वापसी, संतरी की बदलियां, मालखाने और हवालात का निरीक्षण, पैरोकार की मुख्यालय रवानगी, एक झगड़े का इत्तिला- लिखा सब जा रहा है किन्तु याददाश्त रजिस्टर में। थानेदार की हिदायत है कि अब रोजनामचे में उनके निर्देशानुसार ही इंद्राज किए जायें। कन्हई की गिरफ्तारी दिखलाई जानी है और फिर मनोहर के लिए दबिश। दबिश में वही जा सकता है जिसकी वापसी थाने पर हो गई हो, केवल मौजूदगी ही न हो। फिर यह भी जरूरी नहीं है कि जिसकी दबिश के लिये रवानगी हो, उन सब की फिर वापसी भी एक साथ हो । दबिश से एकाध पार्टी इधर उधर भी भेजी जा सकती है। थानेदार भी अग्रिम तफतीश में कहीं जा सकते है। और उनकी वापसी तभी हो जब सब कुछ सकुशल सम्पन्न हो जाये...। फिर तहकीकात के दौरान इत्तिला का क्या खजाना निकल आए, माल बरामदगी कब और कैसे हो, इन्हीं सब कारणों से रोजनामचा दोयम यानी याद्दाश्त चलाना जरुरी है...।

'कन्हई को आज जेल रवाना कर दीजिये...।' दबिश से लौटने पर थानेदार ने संग्राम सिंह से कहा है।

'आज..?' सुनकर संग्राम सिह हैरान हैं, 'साहब, अभी तो इससे ठीक तरह तहकीकात करना बाकी है। क्या मालूम साला झूठ बोल रहा हो...। मनोहर से दरयाफ्त के बाद ही इसे जेल भेजना ठीक रहेगा। तभी क्रास भी हो पायेगा...।'

'नहीं दीवानजी, इसे प्रधान खुद लाया था। आज अदालत में पेश नहीं हुआ तो हल्ला मचायेगा, शिकायत भी कर सकता है...।'

'पर हुजूर, वो तो खुद कह रहा था कि अगर जुर्म में शामिल हो तो....।'

'तो क्या..? जुर्म में शामिल होने से कानून थोड़े ही बदल जाता है। आप जानते हैं कि चौबीस घंटे से ज्यादा हिरासत में रखना गैर कानूनी है...। फिर उससे जो पूछताछ करनी थी, वो आपने कर ही ली है...।'

'चौबीस घंटे में क्या पूछताछ हो पाती है साहब..,' संग्राम सिंह मुस्करा कर कहते हैं, 'यह कोई नया कानून तो है नहीं...। शातिर मुल्जिमों से तो हफ्तों पूछताछ करनी पड़ती है...।'

'दीवानजी, वो सब बातें अब पुरानी हो गईं। अब तो एक पोस्टकार्ड पर अदालत नोटिस जारी कर देती है। इस लड़के के भी टेलीग्राम पड़ गया होगा...।'

नीचा सिर किये संग्राम सिंह खड़े हैं। अपने को बड़ा बेबस और असहाय सा महसूस करते हैं वह ।

'ठीक है हुजूर...।' धीरे से सैल्यूट कर वह मुड़ जाते हैं ।

'और हां...,' थानेदार ने फिर कहा है, 'हैड मोहर्रिर से कह देना कि इसे हथकड़ी लगा कर नहीं भेजे। एक तो नई उम्र का लड़का है और कोई क्रिमिनल हिस्ट्री भी नहीं है इसकी ...।'

'पर यह डकैती का मुल्जिम है साहब...?' संग्राम सिंह ने परेशान होकर कहा है।

'जुर्म मत देखिये...। कोर्ट का आदेश आपको नहीं पता क्या दीवान जी...? पहले तो हथकड़ी पर ही पाबंदी है और अगर लगाना जरूरी है तो रोजनामचे में पूरी तफसील लिखनी होगी कि हथकड़ी क्यूं लगाई है...। अदालत के सामने पुलिस की पूरी जवाबदेही है इस मामले में....।'

'और मुल्जिम भाग जाये तो...?'

'वो भी हमारी जिम्मेदारी है...। रोज ही तो मुल्जिम हिरासत से फरार हो रहे हैं, कभी कर्मचारियों की लापरवाही से तो कभी उनकी मिली भगत से ..। पर कई बार हथकड़ी न होने से भी मुल्जिम को भागने का मौका मिल जाता है और उसका खामियाजा कर्मचारियों को भुगतना पड़ता है। न जाने कितने मुलाजमान मुअत्तिल

पड़े हैं। पर कोई क्या करे ..? अदालत का हुकुम है, मानना जरूरी है....।'

'पर साहब, अदालत को ये सब दिक्कतें बतलाई जानी चाहिये....।'

'हां, ठीक कहते हो..., पर बिल्ली के गले में घंटी कौन बांधे...। फिर पुलिस में ये सब सोचने या करने की फुर्सत ही किसको है...। विरोध करना तो दूर, लोग तो बढ़ चढ़ कर पालन करने में लगे रहते हैं। जबसे कुछ सीनियर अफसरों की अदालत में पेशी हो गई हैं, तब से कोई रिस्क लेने को तैयार ही नहीं है। कर्मचारी सस्पेंड हों या उन पर मुकदमें कायम हों पर मुल्जिमों को हथकड़ी नहीं लगे और लगे तो अदालत की इजाजत के बाद...। आपको मालूम नहीं ,कुछ जिलों के कप्तानों ने थानों से हथकड़ी पूरी तरह हटा कर पुलिस लाइन में जमा करवा ली हैं। अब जिसे जरूरत हो, वहां से लिख कर मांगे...। आप बताइये, पुलिस में इतनी जहमत कौन उठायेगा जब तक कोई बड़ा आतंकवादी या आई एस आई एजेंट ही हाथ न लग जाये...।'

संग्राम सिंह हतप्रभ हैं, अविश्वास भरी दृष्टि से थानेदार को देख रहे हैं। बिना हथकड़ी के अपराधी की गिरफतारी अथवा अदालत में पेशी उनकी कल्पना से परे है। यह किस प्रकार का बदलाव आ रहा है, सोच सोच कर परेशान हैं वह ...। ऐसे में सही और गलत का निर्णय वह नहीं ले पाते...।

....नियम-कानून, कर्मचारियों का व्यवहार व दृष्टिकोण, थाने की कार्यप्रणाली, अदालत का रुख और नजरिया सब बदला है किन्तु जन अपेक्षायें....? उनमें कोई बदलाव महसूस नहीं कर पाते वह...।

...संग्राम सिंह गहरी सोच में डूबे हैं और संक्रमण के इस द्वंद्व को समझने में असफल हैं....।

दबिश से लौटने तक दिन का उजास चारों ओर फैल गया था। बदन में टूटन सी महसूस हो रही थी पर उससे भी ज्यादा मानसिक क्लेश थानेदार के हुकुम से हुआ था। संग्राम सिह क्या, श्रीराम जैसे नये सिपाही भी जानते थे कि मनोहर की तहकीकात पूरी होने तक कन्हई को जेल भेजना कतई ठीक नहीं था...। क्या मालूम अपनी जान या खाल बचाने के लिये उसने यह कहानी गढ़ दी हो याकि मनोहर से किसी रंजिश के चलते उसे फर्जी फंसाने का कुचक्र रचाया हो उसने जिसका दुष्प्रभाव मुकदमे की तफतीा पर पड़ना लाजमी था।...अथवा मनोहर की रमेसर या उसके परिवार से कोई ऐसी पारिवारिक रंजिश हो जिससे उसका भागीदारी संदिग्ध मानी जाये और न्यायालय में परीक्षण के दौरान मनोहर और अन्य अभियुक्तों को उसका लाभ मिले।

थाने पर पहुंचते ही संग्राम सिह ने कन्हई को प्रधान लेखक के सुपुर्द करते हुये कहा, 'लो भाई, कोतवाल साहब का आदेश है कि इसकी कल शाम में आमद

करके आज जेल रवाना कर दो...।'

'पर उस्ताद, किसमें, कोई बरामदगी है क्या...?'

'वो तो मैंने पूछा नहीं। रमपुरा की डकैती का इकबाल तो इसने किया ही है। इसी की तहकीकात से आगे की लाइन चली है...।'

'वो तो ठीक है, पर दाखिला किसकी तरफ से दिखाना है..?'

'मेरी तरफ से दिखा देना ...।'

'पर इसे तो प्रधान लाया था न...?'

'तो साहब से पूछ लो...,जैसा हुकुम हो कर लेना।' खीझ भरे स्वर में कहा संगाम सिंह ने।

'कोई बरामदगी..?'

'अरे भाई, साहब से ही पूछो न...। इसे तो हवालात में बंद करो। ससुरा भाग गया तो मेरी वर्दी उतर लेगी...।'

कन्हई की गिरफतारी एक 315 बोर के देसी तमंचे और चार कारतूस के साथ दफा पच्चीस शस्त्र अधिनियम के तहत दिखलाई गई और उसे जेल रवाना कर दिया गया।

रमपुरा की डकैती के इल्जाम से अछूता रहा वह।

संग्राम सिंह को यह जानकारी कुछ देर बाद हुई थी। सुनकर अंदर तक विचलित महसूस करने लगे वह। पूरे शरीर में छटपटाहट सी होने लगी उनके। लगा वर्दी में कांटे ही कांटे लगे हैं...।

डकैती खोलने का जो उत्साह दो दिन से उनके अन्दर उत्तेजना पैदा कर रहा था, एकदम बुझ गया।

कप्तान की डांट डंपट, धमकी, अपमान सब रूबरू खड़े हो गये।

पर उससे कहीं ज्यादा, सही मुल्जिम के अपराध से निकल जाने का दंश उन्हें सालता रहा था।

बैरक में आकर लुंगी और वर्दी की कमीज पहन कर वह तख्त पर पसर गये।

'पिताजी...।'

सुरेश की पुकार से उनकी आंखें खुली हैं। सामने सुरेश को खड़ा देखकर पिछले छत्तीस घंटे की उनकी थकान जैसे काफूर हो गई है। हृदय पुलक और आह्लाद से भर आया है। सुरेश ने झुक कर उनके चरण स्पर्श किये तो उनका अन्तर्तम संवेदना और भावावेश से आर्द्र हो चला है।

एक लम्बे अर्से बाद सुरेश थाने आया है। वैसे न इसकी कोई खास जरूरत होती थी और न ही संग्राम सिंह ने इसे कभी प्रोत्साहित किया। सच तो यह है कि वह क्या थाने के अधिकांश कर्मचारी अपने परिजनों का थाने से न्यूनतम सम्पर्क

रखना चाहते हैं। कारण- सभी जानते हैं - अपनों के सामने अपमान का भय....!

थाने पर सिपाहियों को सभी तरह के काम करने पड़ते हैं- बैरक की सफाई से लेकर, पानी पिलाने और चाय नाश्ता लाने तक...। ऐसे में वरिष्ठ अफसरों का उनके प्रति व्यवहार चतुर्थ श्रेणी के कर्मियों जैसा ही रहता है। पर अब आरक्षियों के मानसिक स्तर, शैक्षिक योग्यता में भारी बदलाव आया है। नाख्वांदा (अशिक्षित) सिपाही के स्थान पर अब खासे पढ़े लिखे युवक, युवतियां पुलिस में भर्ती हो रहे हैं। किन्तु आला अफसरों के नजरिये में आज भी कोई खास परिवर्तन नहीं दिखलायी पड़ता है। आज भी घरों में खाना बनाते, बच्चों से लेकर जानवरों तक की सेवा टहल करते, सरकारी बंगलों पर खेती बाड़ी करते, बाजार से सौदा सुलफ लाते और यहां तक घरों में झाडू पौंछा करते पुलिस आरक्षी देखे जा सकते हैं। पुराने वक्त में तो सिपाहियों के साथ मारपीट तक की जाती थी, खास तौर पर 'मनबढ़' और 'बुकराती' किस्म के सिपाहियों के साथ...। 'कम्बल परेड' एक आम बात थी जिसमें किसी निर्जन स्थान पर ऐसे कर्मचारी पर कम्बल डाल कर उसे लाठी से पीटा जाता था ज़िससे हमलावर अज्ञात रहें।

अब ये कुप्रथायें समाप्त हो चली हैं। पर आज भी आला अफसरों का सिपाहियों के प्रति व्यवहार अप्रत्याशित, कठोर व उग्र से अमानवीय तक दीख पड़ता है।

अभी एकाध साल पहले की घटना है। लालाराम के बढ़े भाई उससे मिलने आये थे। वह जूनियर हाई स्कूल में अध्यापक हैं। अक्सर अपने मुलाकातियों को कर्मचारी थाने के बाहर किसी होटल या ढाबे पर चाय, नाश्ते के लिये ले जाते हैं। एक तो लालाराम नयी भर्ती का आरक्षी, विभागीय तौर तरीकों से अनभिज्ञ और दूसरे अपने भाई के प्रति उसके हृदय में अपार श्रृद्धा और सम्मान था। पिता के असमय निधन के बाद किसी तरह उन्होंने बीए, बीटीसी की परीक्षा उत्तीर्ण की थी और अध्यापक बने थे। तब उन्होंने लालाराम और दूसरे छोटे भाई को पढ़ाया था। लालाराम पुलिस में भर्ती हो गया और दूसरा भाई ब्लाक की चतुर्थ श्रेणी सेवा पा गया...।

अनुसूचित जाति का होने के बावजूद उनका गांव में खासा सम्मान था। अपने समाज के तो वस्तुतः मुखिया थे वह...।

लालाराम ने अपने भाई को थानाध्यक्ष के कमरे में बैठा दिया और स्वयं उनके लिये चाय नाश्ते का प्रबंध करने चला गया। इसी बीच थानेदार वहां आ गया और उनसे परिचय पूछा। जब उन्होंने बतलाया कि वह लालाराम के भाई हैं तो उनसे तो मात्र इतना कहा कि वह बरामदे में बैठ कर उसकी प्रतीक्षा करें किन्तु बाद में लालाराम पर बुरी तरह बरस पड़ा वह, 'सिपाही हो, अपनी औकात में रहो...। अगर सिपाहियों के भाई-भतीजे मेरे आफिस में आकर अड्डा जमाने लगेंगे तो मुझे अपने

लिये कोई और कमरा ढूंढना पड़ेगा...। फिर तो क्लास फोर का फालोवर भी अपने रिश्तेदारों को यहीं बैठायेगा...।'

पर लालाराम के पीछे काफी अनर्गल प्रलाप करता रहा वह, 'साले चमार, सरकारी नौकरी क्या पा गये, दामाद समझने लगे हैं। जमीन पर बैठने वाले लोग थानेदार के कमरे की कुर्सी पर बैठ रहे हैं।'

कोई बात किसी से छिपती है भला...?

लालाराम के कानों में गर्म सीसे की तरह पड़ा ये सब...।

उस रात बैरक में वह देर रात तक हिचकियां भर-भर कर रोता रहा था।

संग्राम सिंह ने उठकर अपनी लुंगी कसी और सुरेश को गले लगाया है।

'अम्मा कैसी है..?'

'वैसी ही ...। बिना इलाज कोई फायदा न होगा। तभी चिट्ठी भेजी थी, मिली..?'

'हां, मिलती क्यूं नहीं..., पर क्या करूं, निकल नहीं पाया। उस दिन जुलूस ड्यूटी थी और अगले दिन से एक वारदात ने छका रखा है...।'

'पिताजी , यह तो सालों साल से सुन रहे हैं। जिन्दगी में एक दिन भी आराम से काटा है तुमने..? कुछ न कुछ लगा ही रहता है ...।'

अपने पिता की व्यस्तताओं में सुरेश की कोई दिलचस्पी नहीं है। जब से उसने होश सम्हाला है, पिता के काम और उनकी मजबूरियां उसके कानों में पड़ी हैं। एकदम छोटी अवस्था में उसे सोते हुये और बाद में रोते- बिलखते संग्राम सिंह चले जाते थे। कई बार वह तपती धूप में दूर तक उनकी सायकिल का पीछा करता था। फिर पिता की प्रतीक्षा में उसकी आंखें पथरा जाती थीं। और जब उस लम्बे इन्तजार के बाद वह घर आते तो वापसी का कार्यक्रम पहले बतला देते। किंतु अब मां के प्रति पिता की यह उदासीनता उसे असह्य है। उसके स्वर में खीझ उतर आई है।

'अम्मा का अच्छे डाक्टर से इलाज कराना जरूरी है। उसके लिये एकाध हफ्ते की छुट्टी लेनी होगी तुम्हें। ले जाने को तो मैं भी दिखला सकूं पर अम्मा की जिद है कि तुम्हारे बिना नहीं जायेगी। उसे लगता है कि शहर में डाक्टर के पास जाने का मतलब आखिरी सांस लेना है। कहती है, जिंदगी भर अकेली रही हूं, कम से कम मरते वक्त तो आदमी साथ रहे ...।'

एक ठंडे, बुझे और निर्लिप्त स्वर में कहा है सुरेश ने। उसकी आंखें में शून्यता है, चेहरे पर अजनबीपन...। अपरिचित भाव से वह संग्राम सिंह को देख रहा है मानो वह पिता न होकर एक अजनबी हो...।

पर संग्राम सिह अंदर तक द्रवित अनुभव कर रहे हैं। भावनाओं का गुबार उनके अंदर उमड़-घुमड़ रहा है जो किसी भी पल बरस पड़ने को उद्यत है।

... आज उनके विवाह को पूरे बत्तीस साल बीत चुके हैं। इन बत्तीस सालों में बत्तीस सप्ताह का संसर्ग भी तो पत्नी के नाम दर्ज नहीं है। और सबसे हैरत की बात यह है कि इस पीड़ा को लेकर कभी उसने उफ़्फ तक नहीं की..., कभी एक दिन भी अपनी खातिर रुकने को नहीं कहा, सुबह जाकर शाम को लौटने पर कभी रात में रुकने का मनुहार नहीं किया। संग्राम सिह की पुलिसिया नौकरी का पूरा अनुशासन उसने अपने ऊपर भी पूरी तरह लागू किया। पति को भी उसकी नौकरी की तरह ही व्यक्तिगत जीवन से अलग-थलग रखा।

...क्या सचमुच ऐसी आकांक्षा उसमें पल्लवित हुई है...?

अपने अंदर उमड़ रहे ज्वार को वह किसी तरह थामे हुये हैं।

'पिताजी, तुम्हें लेने आया हूं। अम्मा की हालत ठीक नहीं है। कल शहर चल कर किसी अच्छे डाक्टर को दिखा दो। सही इलाज से शायद ठीक हो जायेगी अम्मा... ।'

संग्राम सिह अपने तख्त पर बैठ गये हैं। पहली बार एक जबरदस्त कशमकश से वह अंदर ही अंदर जूझ रहें हैं। पत्नी का चेहरा बार-बार उनकी आंखों में कौंध रहा है। शायद पहली बार अपनी पत्नी के आग्रह को वह अंदर तक महसूस कर रहे हैं, पत्नी के शब्द उनके कानों में जैसे उतरते जा रहे हैं। मन चाहता है कि वह तत्क्षण चल दें, नौकरी की लगाम से अपने को मुक्त कर लें या कम से कम इस पल अनुशासन और कर्तव्य भाव के लबादे को उतार फेंक दें....।

अंदर एक टीस सी अनुभव कर रहे हैं संग्राम सिह...। बैरक में टंगी खाकी वर्दियां उन्हें बड़ी निर्मम और परायी लग रही हैं- वो वर्दी जिस पर सदैव नाज किया है संग्राम सिंह ने। पर आज उनका मन वर्दी का तिरस्कार करने का है। किन्तु चाहकर भी उतना साहस नहीं जुटा पा रहे हैं। न ही सुरेश के आग्रह को इनकार करने का ही नैतिक बल उनके अंदर है। जानते हैं कि सुरेश उनके इनकार से भड़क भी सकता है। तीस साल का बेटा पिता का हमउम्र ही हो जाता है और उसके बाद जैसे-जैसे दोनों की आयु बढ़ती है, बेटा बड़ा होता जाता है और पिता छोटा....।

'बेटा...,' संग्राम सिंह ने भारी स्वर में कहा है, 'तेरी चिट्ठी पाकर मैं यूं ही नहीं रुका रहा। मेरे हलके में डकैती की एक वारदात हो गई है। एक मुल्जिम भी रात में पकड़ गया है। बस आज-कल में माल मुल्जिम की बरामदगी पूरी हुई नहीं कि मैं तुरंत चला आऊंगा ...।'

सुरेश के चेहरे पर एक विकृत मुस्कान उतर आई है। चुभती नजरों से उसने संग्राम सिंह को देखा है और फिर कहा, 'क्या थाने का सारा जिम्मा तुम्हारे ऊपर है? डकैती खोलने के लिये यहां और भी लोग हैं पर अम्मा का इलाज तो सिर्फ तुम्हें ही कराना है...।'

कोई उत्तर देने से पहले संग्राम सिह के अंदर एक झिझक सी पैदा हुई है।

'सो ठीक है बेटा.., पर कप्तान साहब बड़े सख्त अफसर हैं। सबको आगाह कर गये हैं। वारदात नहीं खुली तो पता नहीं क्या सजा मिल जाये...। बेटा, एकाध दिन की बात और है, उसके बाद....।'

सुरेश की नजरों से निकलते अंगारों से संग्राम सिंह अछूते नहीं रह सके। बेटे के सामने पहली बार बड़ा लाचार और कमजोर महसूस करने लगे वह। उसके चेहरे पर छलक आई वितृष्णा से वह आतंकित सा अनुभव करने लगे हैं। उन्होंने अपनी नजरें झुका ली हैं।

एक दमघोंटू चुप्पी उनके बीच आकर ठहर गई है।

दोनों जैसे एक दूसरे के लिये अजनबी बन गये हैं।

'तुम्हें जब फुर्सत हो, आ जाना ...।' अत्यंत सख्त और ठंडे स्वर में सुरेश ने कहा और मुड़ कर चल दिया है।

'रुक बेटा...।'

संग्राम सिंह ने अपने बक्से से एक हजार रुपये निकाल कर उसे थमाये हैं, 'ये लेते जा..। कल शाम तक हर हालत में पहुंच जाउंगा। तब तक दवाई वगैरह देते रहना... ।'

सुरेश रुपये लेकर चल दिया है।

'और हां , यहां से कुछ फल-वल लेते जाना, अम्मा का ख्याल रखना...।'

सुरेश तेज कदमों से वहां से चला गया है।

सुरेश के चले जाने के बाद संग्राम सिंह काफी देर तक बेचैनी और छटपटाहट की गिरफ्त में जकड़े रहे हैं। आज पहली बार जैसे वह अंदर से क्लान्त महसूस कर रहे हैं। मन की थकान शरीर की थकान से कहीं ज्यादा भारी होती है और जब शरीर भी टूटा हुआ हो तब आदमी बुरी तरह त्रस्त और पराजित अनुभव करने लगता है।

संग्राम सिंह ठूठ की तरह एक ही अवस्था में देर तक पड़े रहे। रह रह कर पत्नी का चेहरा उनकी नजरों के सामने घूम जाता है। जीवन में पहली बार उसकी याद हृदय में कसक सी पैदा कर रही है। उसके शब्द रह रह कर उनके अंदर आलोड़न पैदा कर रहे हैं। भले ही पत्नी ने भावावेश में आकर 'अंतिम समय में आदमी के साथ' की बात कही हो, पर आज उनका मन चाहता है कि नौकरी के सारे बंधन को तोड़ कर वह अपनी पत्नी की आकांक्षा की पूर्ति कर दें।

...कहीं सचमुच ही उसका अंत निकट न हो..., सोच कर ही उनके अंदर एक झुरझुरी सी दौड़ गई। उनके हृदय का गति तीव्र हो चली और एकबारगी झटके से उठ कर बैठ गये वह। पत्नी के निधन की कल्पना ही उन्हें आतंकित कर गई है। उनका गला सूखने लगा है। उन्होंने लोटे से पानी अपने गले में उढ़ेला है, अंगोछे

से अपने मुंह और चेहरे को पौंछा है।

उन्हें यह भी दुख है कि सुरेश ज्यादा देर तक उनके साथ नहीं रहा जिससे वह उससे विस्तार से बातें कर पाते। उन्हें इस बात का भी अफसोस है कि वह अपने बेटे को चाय तक नहीं पिला सके। शायद सुरेश के अंदर छिपे आक्रोश का आभास उन्हें था और उसे लेकर वह तनिक आशंकित भी रहे...। शायद अंदर कहीं यह भावना भी थी कि दवाई और फल लेकर वह जल्दी ही पत्नी के पास पहुंच जाये।

एक बार मन में आया कि थानेदार को पत्नी के बारे में बतला कर गांव जाकर उसे देख आयें। पर दूसरे ही पल उन्हें लगा कि यदि उसकी दशा सचमुच गंभीर हुई तो वहां से लौटना संभव न होगा..। ऐसी स्थिति में मनोहर से पूछताछ,अन्य अभियुक्तों की गिरफ्तारी, लूटे गये माल की बरामदगी ....। और उससे भी अधिक उनकी कर्तव्यपरायणता, सेवाभाव व निष्ठा पर प्रश्न चिन्ह...! निजी कार्य को फर्ज पर तरजीह देने का आरोप ! छत्तीस सालों में किए गये समस्त त्याग और परिश्रम पर छींटाकसी, ताने...! काम से बचने की तोहमत...!...जोखिम न उठाने की आलोचना...! ...पेन्शन बचाने पर फब्तियां...!

'मरते वक्त तो आदमी का साथ रहे...,' शब्द जहर की मानिंद उनके अंदर घुलते जा रहे हैं। वह पत्नी जिसने उनकी कठिन और जोखिम भरी नौकरी में हर पल उनका साथ दिया, यह कह कर क्या अपने पूरे जीवन की पीड़ा का ब्यान नहीं कर रही है? नौकरी के जिस मुकाम पर आज संग्राम सिह पहुंचे हैं, उसमें अर्द्धांगिनी की सहभागिता कम नहीं रही है। घर पर बूढ़े मां-बाप की सेवा सुश्रुषा, चार बच्चों का लालन-पालन और परिवार की रोजमर्रा की तमाम चिन्ताओं से संग्राम सिह को मुक्ति....! बिना उसके सहयोग के वह इतने निश्चिंत और एकनिष्ठ भाव से पुलिस की नौकरी भला कैसे कर सकते थे !

.... क्या पैसा देने से ही घर चला करता है....!

जीवन की इस कड़ुवी सच्चाई से संग्राम सिंह बहुत समय तक अनभिज्ञ रहे थे...।

पेट खाली है पर मन इस भूख से पूरी तरह असम्पृक्त है...। शारीरिक क्षुधा का मानसिक भूख से कैसा अजीब सम्बंध है...। मन में आवश्यकता न हो तो शारीरिक जरूरतें भी अपना महत्व खो देती हैं। रात भर की पूछताछ और फिर दबिश के बाद आज पूरा दिन सोने में गुजरा है। इसलिये खाना बनाने का वक्त ही कहां मिला है। वैसे भी इस अवस्था में संग्राम सिह कई बार भोजन एक बार ही बनाकर काम चला लेते हैं। आज भी ऐसा ही सोचा था उन्होंने पर सुरेश से हुई मुलाकात ने उन्हें इस बुरी तरह विचलित कर दिया कि अब रोटी थापने का मन ही कहां है....।

काफी देर वह बैरक में ठस्स से अपने तख्त पर बैटे रहे हैं —किंकर्तव्यविमूढ़...। कभी हमें अपने जीवन में समस्त कार्य व लक्ष्य चुक गये से प्रतीत होते हैं अथवा अपनी सारी उपलब्धि बड़ी तुच्छ और अर्थहीन सी लगने लगती है। रात दिन खटने वाली इस नौकरी से वह अपनी पत्नी या परिवार को ऐसा क्या उल्लेखनीय दे सके हैं जो उनके जीवन भर के अकेलेपन और अलगाव की क्षतिपूर्ति कर सके। इसलिये इस पल ये लम्बी सेवा, जिसपर कितना नाज करते आये हैं संग्राम सिंह, बड़ी बेमानी और निष्फल लगने लगी है। पहली बार आज उन्हें यह अहसास भी हुआ है कि नौकरी के महत्व के बावजूद व्यक्तिगत जीवन, उसके सम्बंधों, उसके दायित्व और पारिवारिक कर्तव्यों की तिलांजलि तो नहीं दी जा सकती है...।

आज जब पत्नी बुरी तरह अस्वस्थ है और पति के सानिध्य की कामना करती है तब भी संग्राम सिह का उसके साथ न होना उन्हें बुरी तरह कचोट रहा है मानो कोई विषधर लगातार अपना डंक मार रहा हो।

...काश मनोहर गिरफ्तार नहीं हुआ होता, तब शायद अपने बेटे और पत्नी को वह निराश नहीं करते। अपनी विवशता के मनुष्य कितने सरल निदान ढूंढ लेता है हालांकि वह अच्छी तरह समझता है कि यदि ऐसा नहीं होता तो अवश्य कोई नए तरह की मजबूरी उसे बांधे रहती...।

'साहब ने याद किया है...।' एक होमगार्ड ने आकर कहा तो जैसे उनकी तंद्रा भंग हुई है।

अलसाये बदन और उससे भी भारी मन से वह वर्दी पहनने लगे हैं। बाहर अंधेरा घिर आया है जैसे एक मनहूसियत चारों ओर फैली हुयी है। अंतस का संत्रस एक भयावह निस्तब्धता की मानिंद चारों ओर पसरा दीख रहा है।

संग्राम सिंह जानते है कि हैड मोहर्रिर रात की गश्त आदि की व्यवस्था में लगे होंगे, अधिकांश कर्मचारी भोजनादि से निवृत होकर रात की ड्यूटी की तैयारी कर रहे होंगे और रात के अंधेरे में संतरी अपनी कवायद को एक बार फिर याद करेगा- चलो दोस्त, सब ठीक है...।

थानेदार से मुलाकात कर संग्राम सिंह लौटे तो रमपुरा, रमेसर का घर, डकैती की घटना, कप्तान की चेतावनी, कन्हई और मनोहर उनके मस्तिष्क में घूमने लगे हैं। घटना में शामिल सही अभियुक्त उनकी हिरासत में हैं, यह कम बड़ी उपलब्धि नहीं है। पर संग्राम सिंह अच्छी तरह जानते हैं कि यह गिरफ्तारी उसी दशा में प्रामाणिक मानी जायेगी जब अन्य अभियुक्तों की गिरफ्तारी कर ली जाये और लूटी हुयी सम्पत्ति बरामद हो जाये। दरअसल बरामदगी ही महत्वपूर्ण है। इसी से अदालत, जनता, जन प्रतिनिधि और पत्रकार सभी विवस्त अनुभव करते हैं।

थानेदार ने भी यही हिदायत दी है।

संग्राम सिंह के नेतृत्व में पूछताछ टीम बनाई गई है। जाहिर है कि टीम में हलके के सिपाही श्रीराम और केवलराम भी शामिल हैं। जानकर श्रीराम उखड़ जाता है, 'थाने पर और भी तो कर्मचारी हैं। चौहान दरोगाजी को इस काम में क्यूं नहीं लगाया जाता है...?'

'अरे भई, हम इस वारदात की तफसील से वाकिफ हैं, इसलिये हम बेहतर दरयाफ्त कर सकेंगे...।'

'अरे दीवानजी, आप भी क्या बहलाने वाली बातें करते हैं। कौन बड़ी पूछताछ करनी है। साले के चार लठ्ठ मार कर सच उगलवाना है। कोई शातिर बदमाश तो है नहीं, लौंडा है...। मशीन के दो झटके दिये नहीं कि आंखें फैल जायेंगी...। पर दरोगा जी कम से कम साथ में तो रहें। बरामदगी में अपना नाम डलवाने में तो देर नहीं करेंगे...।' श्रीराम के स्वर में एक जिद और विद्रोह है।

'देखो, ये बेकार की बातें मत सोचा करो।' संग्राम सिंह समझाते हैं, 'काम करने का अपना मजा है। फिर 396 में माल मुल्जिम की गिरफ्तारी और बरामदगी बहुत बड़ी चीज होती है। ऐसे मौके रोज हाथ नहीं आते...।'

'कौन आप दीवान से दरोगा या मैं सिपाही से हैड बन जाऊंगा...।' श्रीराम ने बुरा सा मुंह बनाकर कहा है।

'बरखुरदार, हम काम से तरक्की थोड़े होती है...।' धैर्य रखते हुये संग्राम सिंह हंस दिये हैं।

'तरक्की न भी हो पर उल्टा तो न हो...। अब तो हालत यह है कि जो काम करता है, वही फंसता है। जो काम नहीं करते , वो मजे में हैं ...।'

'मैं समझा नहीं ...?'

'इसमें समझने की क्या बात है। जितना जरूरी है, उतना काम करने से नौकरी मजे में चलती है। बेवजह सिर फोड़ने से कभी न कभी किसी बवाल में फंस ही जायेंगे। तब कोई मदद नहीं करता, उस समय यह बात काम नहीं आती कि आदमी बड़ा मेहनती है....।'

'भइया, तुम लोगों की बात तो हमारे पल्ले पड़ती नहीं। हमने तो यही सीखा है कि जो काम अपने सुपुर्द हुआ है, उसे जी जान से करो...। फिर न अपनी परवाह और न ही नौकरी की...।'

'दीवानजी, यह सोच ठीक नहीं है। जमाने के साथ चलना सीखिये वरना किसी दिन भारी बवाल में फंस जायेंगे। तब कोई मदद करने नहीं आयेगा। इसलिये अपनी और नौकरी दोनों की खुद ही परवाह करना जरूरी है।'

अपने सेवाकाल से भी कम आयु के सहयोगी की सीख सुनकर संग्राम सिंह हतप्रभ हैं। वह टकटकी बांधे श्रीराम को देख रहे हैं। एक नये तरह के द्वंद्व ने उनके

हृदय को जकड़ लिया है। ऐसे में लम्बे सेवा काल में विभाग के प्रति बने समस्त विश्वास और मान्यतायें स्खलित होते महसूस होते हैं उन्हें...।

कौन है इसके लिये दोषी- नये नियम-कानून, समाज, कर्मचारी या आला अफसरान..., संग्राम सिंह समझ ही नही पाते...।

# - सात -

थाने के अंदर बाहर सब जगह आदमी-औरतें जमा हैं। कस्बा क्या आसपास के क्षेत्रों के नेतागण भी मौजूद हैं। पत्रकारों का पूरा का पूरा अमला वहां डेरा जमाए है। गरज यह कि जिसको खबर मिली है, वह दौड़ा-दौड़ा चला आया है। भय और आतंक का पर्याय समझे जाने वाले थाने पर जहर उगलने का इससे स्वर्णिम अवसर भला और कौन हो सकता है। ये लोग जानते हैं कि पुलिस का रवैया प्रतिरक्षात्मक होगा और थानेदार ऐसा कोई कदम नहीं उठायेगा जिससे स्थिति बिगड़े। दूसरे पक्ष की इसी कमजारी का लाभ उठाने के लिये हर कोई आतुर है। आखिर इस प्रकार की घटनायें राजनीतिक वरदान साबित हो सकती हैं। ये तो राजनीतिज्ञ की योग्यता है कि वह ऐसी घटनाओं को अपने पक्ष में कितना भुना सके।

कटहल के पेड़ के नीचे स्त्री, पुरुषों का एक समूह घनघोर विलाप कर रहा है। कुछ अपना सीना पीट रहे है तो कुछ बीच में पड़े शव पर पछाड़-पछाड़ कर दहाड़े मार रहे हैं, 'अरे मोरे छोरे को मार डाला, अरे जालिम खा गए छोरे को, अरे मेरा बच्चा छीन लियो....।'

बाहर जम कर नारे बाजी हो रही है- हत्यारे को सामने लाओ, खून की सजा फांसी है, पुलिस हाय हाय, पुलिस मुर्दाबाद....।

माहौल में जबरदस्त उत्तेजना और गर्माहट है। थानेदार उलझन में है। वह जानते हैं कि ऐसी स्थिति में लाठी चार्ज से बढ़कर फायरिंग तक की नौबत आ सकती है। सुबह ही मुख्यालय से पीएसी मंगवा ली है। वही जनता और थाना कार्यालय के बीच दीवार बन कर खड़ी है। बार-बार उत्तेजना का उबाल आता है और थम जाता है। पर थानेदार जानता है कि किसी भी पल इसके बेकाबू हो जाने की पूरी संभावना है। तोड़ फोड़ से लेकर आगजनी, लूटपाट कुछ भी हो सकता है। एसडीएम और डिप्टी साहब को सबसे पहले खबर दे दी गई है और वह पहुंचने ही वाले हैं..।

थाना कार्यालय खाली है। सभी कर्मचारी इधर उधर छिपे हैं, कुछ तो खबर मिलते ही खिसक गए। संग्राम सिंह पिछवाड़े के एक आरक्षी आवास में निढाल से चारपाई पर पड़े हैं...। उनके हाथ पैर जैसे चेतना शून्य हो चले हैं और मस्तिष्क पूरी तरह खाली....। एक जड़ता उनमें समा गई है। सफेद चेहरे पर जड़ी लाल आंखें फाड़े वह आकाश को देख रहे हैं -निष्प्राण से...। प्रातः का शुभ्र नभ उन्हें काला दीख रहा है– अनिष्ट का संकेत करता हुआ।

पता नहीं क्यूं, बार बार पत्नी का चेहरा उनकी नजरों के सामने घूम जाता है -कृशकाय, रुग्ण और हर प्रकार के सुख से वंचित....। पिछली बार जब वह अस्वस्थ हुई थी तो पहली बार उसने पूछा था, 'घर लौट कर कब आओगे?'

एकबारगी समझ नहीं पाये संग्राम सिंह।

अजब सी आस भरी आंखों से वह उन्हें देख रही थी।

'थक गयी हूं मैं...। अब अकेले घर नहीं देख पाती..।'

'बस, दो-एक साल की बात और है। वो तो सरकार ने उम्र बढ़ा दी है वरना अगले साल छुट्टी हो जाती।'

सुनकर वह चुप हो गई थी -हमेशा की तरह..., उस पत्नी की तरह जो पति के किसी कथन का प्रतिवाद नहीं करती, अपनी इच्छाओं के दमन में विश्वास करती है, उसी को अपना धर्म मानती है...।

लौटने पर कई दिनों तक उनका मन हुआ कि स्वैच्छिक सेवानिवृति लेकर घर लौट जायें। पर वर्दी, विभाग के प्रति निष्ठा, कर्तव्यबोध...!!!

अथवा नियति...!

थानेदार अपने कक्ष में नेतागणों से वार्ता कर रहे हैं। जहूर मियां, मास्टर नौरंगी लाल, चेयरमैन आदि सभी वहां मौजूद हैं। उनकी उग्रता के सामने थानेदार बड़े निरीह और बेबस लग रहे हैं। वह जानते हैं कि वरिष्ठ अधिकारियों के आये बिना यह समस्या नहीं सुलझेगी। जिला मजिस्ट्रेट और पुलिस अधीक्षक को बुलाने की मांग की जा रही है। थानेदार की कोशिश है कि डिप्टी के आने से मामला सुलझ जाए। उसे पता है कि कप्तान आये तो ऊपर लटकी तलवार नीचे गिर ही जायेगी। लाइन हाजिरी, मुअत्तिली या जेल कुछ भी संभव है। थानेदारी का जाना तो तयशुदा है। मामला कैसे सुलटे, उसकी समझ से परे है। उधर बाहर का तापमान बढ़ रहा है और कप्तान साहब के निर्देश हैं कि किसी भी दशा में कोई बल प्रयोग न किया जाये।

मनोहर ने घटना में अपनी भागीदारी स्वीकार कर ली थी किंतु न तो गैंग की सही जानकारी दे रहा था और न ही लूटे गये माल का कोई अता पता। गैंग के खुलासे के नाम पर चुप्पी साध लेता। संग्राम सिंह जान गये थे कि वह पहले भी डकैती की दो वारदातों में जेल जा चुका है। उन्होंने थानेदार को पूछताछ की प्रगति से अवगत कराया। थानेदार ने तब स्वंय आकर कुछ दरयाफ्त किया और यह संतुष्ट हो गया कि मनोहर वास्तव में इस घटना में शामिल है।

'हरामी शतिर बदमाश लगता है....,' चलते समय थानेदार ने कहा, 'पर दीवान जी सही मुल्जिम पकड़ा है आपने। अब इसके बाद भी बाकी मुल्जिमों का पता न चले और माल मसरूका बरामद न हो तो हमारे लिए डूब मरने की बात होगी। थोड़ी देर ओर टेकिल करो। साला कब तक नहीं खुलेगा।'

'इस तरह हार मानने वाला नहीं हूं, साब। बड़े-बड़े बदमाशों को पानी पिलाया है। यह तो बच्चा है....।' संग्राम सिंह सचमुच जोश में थे।

'एक बार पुलिस की गिरफ्त में आने के बाद कौन बच सकता है। साले के कुछ करेंट वरेंट लगाओ। तब खोलेगा अपनी जबान। अखबार पढ़-पढ़ कर बदमाा भी जान गए हैं कि पुलिस ज्यादा तो मारपीट करेगी नहीं। इसलिए जितना बतला कर काम चल सके, उसी से बच निकलो...। जानते हैं कि पुलिस भी अब डर-डर कर काम करती है...।' थानेदार ने मुस्करा कर कहा।

'इस का वास्ता संग्राम सिंह से नहीं पड़ा अभी तक। पूरी बात निकलवाकर रहूंगा....।'

थानेदार के चले जाने के बाद पूछताछ का क्रम अधिक सख्ती से चलने लगा। मनोहर की चीखें- चिल्लाहटें रात को भेदने लगीं। पर संग्राम सिंह इससे बेखबर थे। बीच में श्रीराम ने एकाध बार टोका टाकी भी की पर संग्राम सिंह पर एक जुनून सवार था। हाथ से लाठी, पैर की ठोकरें सब चल रही थीं। एकाएक मनोहर की आवाज थम गई। उसकी आंख चढ़ने लगी और वह मूर्छित होकर नीचे गिर पड़ा।

अपराधियों से पूछताछ के दौरान संग्राम सिंह इस प्रकार के दृश्य भी देख चुके थे। कई बार अपराधी बेहोशी का नाटक भी कर लेते या उन्हें मिरगी का दौरा पड़ जाता। वह रुके। श्रीराम ने पास आकर उसकी नब्ज टटोली और उसके सीने पर अपने कान लगाया। जीवन का कोई स्पंदन वहां सुनाई नहीं दिया। उसके चेहरे की हवाईयां उड़ गई। वह पागलों की तरह उसकी छाती मलने लगा और फिर अपना कान मनोहर के सीने के पास ले गया। और तब वह फर्श पर धम्म से पसर गया....।

'दीवान जी....।' कांपते स्वंय में बड़ी मुश्किल से वह कह पाया।

'क्या श्रीराम..?'

'दीवान जी, यह तो...।' श्रीराम ने हाथ से लुढ़कने जैसा इशारा किया।

'अरे नहीं....।' संग्राम सिंह की आवाज थर्रा उठी, 'पर कैसे? ठीक तरह से तो देख....।'

'क्या देखूं इसे दीवान जी....।' श्रीराम का स्वर भय से भिंच गया,' सांस बंद है इसकी...। मुर्दा है यह...।' कहते कहते उसका स्वर लरजने लगा, जैसे रो पड़ेगा अभी।

कटे पेड़ से नीचे ढह गए संग्राम सिंह....। उनके पूरे शरीर से पसीना चुहचुहा आया। भय और आतंक से उनका चेहरा सफेद, सपाट और बड़ा विकृत दिखाई देने लगा। मस्तिष्क में एक शून्यता छा गई। उन्हें ऐसा लगा मानो उनकी पूरी शक्ति किसी ने निचोड़ ली हो। अंदर से उठती कंपकंपाहट उनके पूरे बदन को अंधड की

तरह प्रकंपित कर गई।

'मैं दरोगा जी को बतला कर आता हूं....।' कहता हुआ श्रीराम वहां से चला गया और तब से उसका कोई अता पता नहीं है।

कार्यालय में उसका तीन दिन का अवकाश प्रार्थना पत्र अवश्य उपलब्ध है।

लपलपाती आग की मानिंद यह खबर पूरे थाने में फैल गयी। जो जिस दशा में था, उठकर थाना कार्यालय की ओर लपक पड़ा। बैरक में मौजूद कर्मचारी लुंगी-बनियान पहने बाहर आकर संतरी से घटना का विवरण जानने की कोशिश करने लगे। गश्त के नाम पर रवानगी के बावजूद क्वाटरों में सोये कुछ सिपाही वर्दी पहन कर तुरंत खिसक गये।

थानेदार बदहवास सा पूछताछ कक्ष में पहुंचा और जमीन पर पड़े मनोहर के शरीर से जीवन का स्पन्दन सुनने का असफल प्रयास करने लगा। सब कुछ जानने के बाद पता नहीं कौन सी आशा लिये वह वहां आया था। कभी हम घटित अनहोनी को नकारने लगते हैं और सच को झुठलाने की बेवजह कोशिश करते हैं मानो झंझावात में आशा का दीप जलाये रखने का प्रयास कर रहे हों...।

'यह तो सचमुच...?' थानेदार का स्वर कांप गया। उसके पैर और हाथों में कंपन महसूस होने लगा, हृदय की गति अनियंत्रि हो चली। जेब से रूमाल निकाल कर उसने माथे और चेहरे पर आये पसीने को पौंछा। मस्तिष्क जैसे संज्ञाशून्य हो चला था- तिमिर भरा शून्य...। सोचने-समझने की शक्ति जैसे कुंद हो चली थी।

'हुजूर.., इतना नहीं मारा था कि ....।' संग्राम सिंह बमुश्किल कह पाये थे कि थानेदार दहाड़ने लगा, 'चुप करो तुम...। नालायक, नाकारा मुलाजिम हो तुम...। पुलिस हिरासत में मौत का मतलब जानते हो ...? कत्ल...! खुद तो मरोगे ही, मेरी नौकरी भी लेकर डूबोगे...। अरे सख्ती का मतलब यह तो नहीं है कि किसी की जान ले लो....।'

'सरकार...।' कहते कहते संग्राम सिंह के होंठ कांपने लगे...।

'खबरदार जो कुछ सफाई दी...। इत्ते साल की नौकरी में यही सब सीखा है। कोई नया लौंडा होता तब भी समझ में आ सकता है पर इस बुढ़ापे में ...। जोश का मतलब यह थोड़े होता है कि आदमी होश खो बैठे। अब कत्ल का इल्जाम पूरे थाने पर लगेगा...।'

'पूरे थाने पर क्यूं...?' पास खड़ा हैड मोहर्रिर उत्तेजित स्वर में बोला, 'जो करेगा वही भरेगा...। बड़ी हिदायतें दिया करते थे, सिपाहियों को लम्बे लम्बे पाठ पढ़ाया करते थे..., उस्ताद ठहरे न...।'

उसके स्वर में पूरी कड़ुवाहट उतर आई थी। उसके चेहरे पर वितृष्णा पूरी नग्नता के साथ मौजूद थी।

'तुम चुप रहो...।' थानेदार ने हस्तक्षेप किया, 'अपना काम धाम देखो तुम...। कुछ ही देर में तमाम अफसरानवाला का आना जाना शुरु हो जायेगा। कौन जाने कोई दफतर में बैठ कर रिकार्ड ही चैक करने लगें...।'

हैड मोहर्रिर जानता था कि थाने पर हिरासती मौत के बाद मुआयने की कोई संभावना नहीं थी पर हां, एक अभिलेख उसे तत्काल दुरुस्त करना जरूरी था। थाने का रोजनामचा जो हमेशा की तरह लगभग बारह घंटे देरी से चल रहा था यानी रोजनामचे में अभी दिन के बारह बजे का पहरा तब्दीली के बाद कुछ भी अंकित नहीं था याकि कुछ हुआ ही नहीं था, पर कम्बख्त हर दो घंटे में संतरी की बदली जान सांसत में डाले रखती है क्योंकि उसे भी तो रोजनामचे में दर्ज करना होता है...। इसकी पूरी जिम्मेदारी हैड मोहर्रिर की है इसलिये किसी भी समय रोजनामचे का समय से न होना उसकी नौकरी को खतरे में डालने के लिये काफी है।

फिर आज तो स्थिति भी दूसरी है। रोजनामचे में ही मनोहर से पूछताछ की जिम्मेवारी दर्ज की जानी है और वह जानता है कि जिस कर्मचारी की कागज पर ड्यूटी लगी होगी, वही मनोहर की पूछताछ के दौरान हुयी मौत के लिये भी जिम्मेवार माना जायेगा। वैसे भी ऐसे गंभीर और संवेदनशील मौकों पर थाने के रोजनामचे को अपने कब्जे में रखना निहायत जरूरी है। न मालूम, कौन क्या लिख दे, थानेदार अपने बचाव में न जाने कौन सा पैंतरा खोल दे...।

वह वापस जाने लगा तो थानेदार ने उसे रोका, 'जरा दरोगा जी को भेज दो। वह अपने क्वाटर में सोते ही रहेंगे? पूरा थाना जाग गया। क्या रवानगी पर हैं..?'

'गश्त और पिकेट चैकिंग में गये तो थे पर अपनी वापसी की इत्तिला दे चुके हैं...।'

'ठीक है, उनकी वापसी कर लेना जिससे थाने पर उनकी मौजूदगी रहे...।'

'और आपकी...?'

'मेरी तो तफतीश में सुबह से ही रवानगी है। वैसे भी मेरी थाने पर मौजूदगी नहीं रहेगी तो इन लोगों की ज्यादा मदद कर सकूंगा वरना तो मुझे भी इस मामले में लपेट लेंगे। वैसे भी मैंने तो कुछ किया नहीं है। क्यूं दीवान जी..?'

'ठीक है साहब...। मैं चलूं...?'

'हां, पर यह बात अभी थाने से बाहर न जाने पाये। सभी मुलाजमान को बुलाकर हिदायत कर दो। अच्छी तरह समझा देना कि जो गड़बड़ी करेगा, उसे बख्शा नहीं जायेगा...।'

'पर कुछ तो सुनते ही खिसक गये...।'

'अरे ससुरे इधर उधर छिपे होंगे। सबको हिदायत कर दो कि मौजूद रहें। जो गैर हाजिर हुआ उसकी रपट लिख दो। संकट की इस घड़ी में साथ नही देंगे तो लानत

है इस खाकी वर्दी पर... ।'

सुनकर हैड मोहर्रिर मुड़ा ही था कि थानेदार ने पूछा, 'रोजनामचा कित्ते बजे में है...?'

वह सकपका गया। जो काम सोच कर वह जा रहा था, उसमें ही अड़ंगा लगने की संभावना थी जिसकी पूरी जिम्मेदारी उसकी होगी।

'अरे चुप क्यूं हो..?'

'दिन का पहरा तब्दील किया था... ।'

'ठीक है, शाम छह बजे में जीडी रोक देना... ।'

'पर साहब, अफसरान...?'

'सारी चिन्ता तुम्हें ही तो है। इस बवाल को भी तो सिलटाना है। जीडी बढ़ा कर हमारे हाथ पैर काट दो, यही चाहते हो क्या..?' थानेदार ने चिढ़ कर कहा।

'नहीं हुजूर , कैसी बात कहते हैं... ।'

'तो फिर ऐसे चेहरे से क्या देख रहे थे। जाइये, दरोगा जी को भेजिये। और हां, वायरलैस, टेलीफोन के तार अलग कर दो। हर घंटे की खैरियत रपट भी न जाये। बाद में कह देना कि चूहे ने तार कुतर दिया था.... ।'

छोटे दरोगा का चेहरा सफेद पड़ गया था। उसका मन हुआ कि वह वहां से खिसक जाये। उसे याद आया कि शाम को उसने थानेदार के आदेश के तहत रोड गश्त और पिकेट चैक की थी जिसका इंद्राज याद्दाश्त रजिस्टर में है। लौटने पर प्रधान लेखक से मुलाकात भी हुयी थी और हालांकि उसने प्रधान लेखक से वापसी करने के लिये स्पष्ट तौर पर नहीं कहा था पर उसने वापसी जरूर दर्ज कर ली होगी। क्या मालूम, इस हादसे के बाद उसकी गश्त में रवानगी ही न की जाये। रोजनामचा समय से होता तो वह अपने हस्तलेख में रवानगी करके प्रस्थान करता जैसा कि आदेश भी है। तब वापसी करना- न करना उसके हाथ में होता।

और अब थानेदार जिस प्रस्ताव की चर्चा कर रहा था, उसमें जोखिम ही जोखिम था।

'चौहान, इस चूतिये दीवान ने हम सब को फंसा दिया है। अब कोई रास्ता नहीं निकला तो सब जेल जायेंगे... ।'

दरोगा चौहान थानेदार से मिलने से पूर्व सभी तथ्यों की जानकारी कर चुका था। पुलिस अकादमी के प्रशिक्षण में प्राचार्य ने बतलाया था कि थाने पर दो हादसे कभी नहीं होने चाहिये - थाने पर बलात्कार और दूसरा पुलिस हिरासत में मौत...। आज यहां ऐसे ही गंभीर संकट की घड़ी आन खड़ी हुयी थी।

'बोलिये सर, क्या किया जाये...?' उसने ठंडे स्वर में पूछा ।

'बस एक ही रास्ता है - एन्काउन्टर...! जंगल में ले जाकर मुठभेड़ दिखा दें

या फिर लाश को कहीं ठिकाने लगा दिया जाये...।'

सुनकर दरोगा चौहान का माथा चकरा गया। आज तक की नौकरी में कभी इतनी जटिल व उलझनभरी स्थिति का सामना उसने नहीं किया था। पुलिस के दांव पेंच से भी अभी अनभिज्ञ था। सीधी भर्ती का नवयुवक अधिकारी था। अच्छे, खाते-पीते परिवार से आया था जिसकी तीन पीढ़ियां पुलिस महकमे में रही थीं। उस परिवार की सुख- सम्पदा और रुतबा देखकर पूरा गांव मानता है कि दरोगाई सरकार की सबसे बड़ी मुलाजमत है।

उसके बाबा अंग्रेजों के जमाने के जाने माने कोतवाल थे। कहते हैं, जब बाहर से स्टेशन पर उतरते थे तो क्या मजाल कि शहर का कोई रईस उन्हें लेने अपनी मोटर गाड़ी या घोड़ा बग्गी न भेजे। और वह अपने कारिन्दों से घिरे अक्सर पैदल ही कोतवाली जाते थे। ऐसे में हर सेठ का फर्ज था कि अपनी गद्दी छोड़ कर उन्हें झुक कर सलाम करे। कुछ लोग मेवे, इलायची आदि से उनका स्वागत-सत्कार करते थे।

आम जनता के अंदर उनकी छवि एक ईमानदार कोतवाल की थी क्योंकि किसी काम के एवज उन्होंने पैसा कभी नहीं लिया। न ही अपराध और अपराधियों पर अपनी पकड़ में कोई ढिलाई आने दी। अपराधी उनके नाम से कांपते थे। उसके बावजूद पच्चीस साल की नौकरी के बाद जब उन्होंनें पेंशन ली तो शहर में एक कोठी, लगभग सौ बीघे जमीन और करीब पच्चीस गाय, भैसें उनके पास थीं। अपने जीते जी उन्होंने कभी दूध नहीं बेचा हालांकि आज यह उनके परिवार का मुख्य व्यवसाय है। पुलिस सेवा की परम्परा उसके पिता ने भी जारी रखी। आजादी के बाद अंग्रेजों और मुसलमानों के जाने के फलस्वरूप पुलिस विभाग में एकमुश्त रिक्तियां हुयीं। बाबा का प्रभाव था ही , इसलिये पिता को दरोगा का पद मिलने में कोई कठिनाई नहीं हुई। इससे उनके परिवार की सम्पत्ति और रुतबे में और इजाफा हुआ। पिता डिप्टी एसपी पद से सेवानिवृत हुये पर उनकी निवृति से पूर्व ही चौहान उप निरीक्षक के लिये चुने जा चुके थे।

चौहान ने इलाहाबाद विश्वविद्यालय से बीए, एमए की परीक्षा उत्तीर्ण की थी। वहां के सभी छात्रें की तरह प्रवेश के पहले के दिन से ही आईएएस, आईपीएस बनने का स्वप्न संजाये हुये थे। एक बार प्रतियोगिता में बैठे भी और पिता ने उन्हें पूरा समर्थन भी दिया किन्तु अगले वर्ष जब दरोगा की भर्ती आरम्भ हुई तो उनके विरोध के बावजूद उसमें भी शामिल करवा दिया। आईएएस की परीक्षा दे चुके थे, इसलिये इस प्रतियोगिता की लिखित परीक्षा चौहान ने अपनी योग्यता से पास कर ली और साक्षात्कार में पिता का पद काम आ गया। जिस पुलिस अधीक्षक के अधीन वह थानेदारी कर चुके थे, वही डीआईजी के रूप में चयन बोर्ड के अध्यक्ष थे।

व्यक्तिगत तौर पर चौहान बेहद निराश और क्षुब्ध थे पर परिवार की प्रसन्नता अपार थी। उन्हें तो जैसे मन वांछित अभीष्ट मिल गया था।

पांच वर्ष की नौकरी में मुठभेड़ में भाग लेने के कुछ अवसर आये थे जिनमें से कुछ विशुद्ध फर्जी थीं। पर आज मामला खासा पेचीदा था। सवाल एक मृत व्यक्ति को ठिकाने लगाने का था। सोचकर एक कंपकंपी सी महसूस की उसने। किंकर्तव्यविमूढ़ सा वह थानेदार के चेहरे को देखता रहा और फिर कहा, 'मेरी तो मति ही काम नहीं कर रही साहब। आप आदेश दें कि क्या करना है। आप जानते हैं कि पीछे हटने वालों में से मैं नहीं हूं...।' अनुशासन से बंधे चौहान ने अपने स्वर में सख्ती लाने का प्रयास किया।

'मुझे तुम पर पूरा भरोसा है, भाई...।' थानेदार ने मुस्करा कर कहा, 'तभी राय -मश्विरे के लिये तुम्हें बुलवाया गया। तुम बुद्धिमान और बहादुर अफसर हो। अब सोचना यह है कि क्या किया जा सकता है। क्या इस मुसीबत का सफाया मुमकिन है..?'

अपने लिये कहे गये प्रशंसा के शब्द सुनकर चौहान का सीना चौड़ा हो गया था। किंतु भावनाओं को काबू में रखकर उसने बुद्धि का प्रयोग करते हुये कुछ पल शांत रह कर कहा 'साहब, गांव से पकड़ कर लाये हैं, वो भी पिछली रात। कल रात ही यह वाक्या हो गया होता तो कहीं ठिकाने लगाने पर सोचा जा सकता था। कुछ भी कह सकते थे कि रास्ते में इसने भागने की कोशिश की या इसको छुड़ाने के लिये इसके साथियो ने हमला बोला, दोनों तरफ से फायरिंग में यह मारा गया। दो, चार चोटें इधर भी बन जातीं पर अब चौबीस घंटे बाद....।'

'ठीक कहते हो भाई.., अब मुमकिन नहीं है...।' थानेदार ने निराशा से सिर झटक दिया और फिर कुछ देर बाद सोच कर कहा, 'क्या आज रात में बरामदगी के लिये इसकी रवानगी और फिर वही सब यानी भागना या छुड़ाना नहीं दिखलाया जा सकता ..?'

थानेदार की बुद्धि और सोच का कायल हुआ चौहान। यह संभव तो था लेकिन...!

'साहब, कोई कर्मचारी अब इसके लिये तैयार भी होगा..?' उसने पूछा।

'किसी कर्मचारी से क्या मतलब...., यही दीवान और इसके हमराह सिपाहियों की रवानगी कर देते हैं ...।'

'नहीं हुजूर, मेरे बस का नहीं है यह...।' कहकर संग्राम सिंह बुरी तरह फूट पड़े। अंदर जमा क्षोभ, क्रोध, असहायता, बेचारगी, ढलती आयु की असुरक्षा जैसे सम्मिश्रित होकर लावा की मानिंद उनके आंखों से बहने लगे। कुछ समय पूर्व उत्तेजना, उत्साह व आक्रोष से लबालब संग्राम सिंह अत्यंत कमजोर, पस्त और टूटे

हुये दिखने लगे थे। वह जमीन पर ढह गये।

'फिर कौन करेगा यह काम ..?,' थानेदार जैसे फुंकार उठा, 'जान तुम लो और फंसे दूसरे लोग...?'

'नहीं हुजूर, और कोई नहीं ,मैं कुसूरवार हूं तो सजा भी भुगतूंगा...।'

'पर अपने साथ मुझे भी लपेट लोगे। पुलिस हिरासत में मौत से थानेदार का बचना नामुमकिन है। किस तरह बचा बचा कर नौकरी की थी पर..।' थानेदार का स्वर लरज उठा। चिंता की गहरी रेखायें उसके चेहरे पर कांटें की तरह उग आई थीं । चेहरे पर फैली सफेदी ने उसे बड़ा दयनीय बना दिया था। कुछ ही देर में उसकी आंखों में नमी झलकने लगी थी और उसने अपना चेहरा नीचे झुका लिया।

'साहब,' चौहान ने पास आकर थानेदार का हाथ पकड़ा, 'हिम्मत से काम लीजिये। जो हो गया है, उसे तो झेलना ही है। भाग्य में जो लिखा है, उसे कौन मिटा सकता है। पर ईश्वर पर भरोसा रखिये। इस मामले में पूरी ईमानदारी से काम किया गया है। इसलिये भगवान कोई न कोई रास्ता जरूर निकालेगा। चलिये, उठिये, दफ्तर में बैठ कर आगे की स्कीम बनाते हैं। टाइम कम है, दिन निकलने वाला है, उसके बाद कुछ करने का वक्त नहीं रहेगा...।'

उस रात सूर्योदय तक का एक-एक पल कांटे की तरह आंखों में चुभता रहा था। धुंधलके को पीछे धकेलते हुये उजास जैसे-जैसे अपनी जगह बना रहा था, थाने पर मौजूद सभी पुलिसवालों के दिल में निराशा का गहरा अंधकार जैसे भरता जा रहा था। थानेदार क्या, थाने का हर कर्मचारी जानता था कि सुबह होते ही इस मामले में भयंकर विस्फोट हो जायेगा जिसकी गूंज जिला मुख्यालय तक सुनी जा सकेगी। सभी के चेहरे भय और घबराहट से सफेद हो चले थे।

एक-डेढ़ घंटे चले विचार विमर्श में सारी योजनायें मुंह के बल गिर कर ध्वस्त हो चुकी थीं। और तब थाने में मौत का भीषण और नग्न सत्य सबको ललकारने लगा था। थानेदार सिर पर हाथ रखे बैठे था। चौहान भी परेशान होकर इधर उधर टहल रहा था। संग्राम सिंह को तो उसी पूछताछ कक्ष में छोड़ दिया गया था जहां निढाल वह जमीन पर पसरे पड़े थे। प्रधान लेखक रोजनामचे में कारगुजारी करने में व्यस्त था। थाना प्रांगण में इधर उधर खड़े कुछ कर्मचारी खुसरपुसर में मशगूल थे। केवल थानेदार के कारखास के दो सिपाही जरूर उसके आस-पास टहल कर अगले आदेश की प्रतीक्षा कर रहे थे।

प्रातः की लालिमा अपनी उपस्थिति दर्ज कराने के लिये अंधेरे से मुठभेड़ कर रही थी। स्वच्छ, स्निग्ध और तरल समीर का प्रवाह बह चला था हालांकि मुर्दानगी के घटाटोप से आच्छादित थाने पर इसका कोई प्रभाव नजर नहीं आ रहा था। कुछ ही पलों में पक्षियों की चहचहाहट चारों तरफ से उठने लगी थी। सब कुछ जैसे कितने

व्यवस्थित व क्रमबद्ध ढंग से घटित हो रहा था।

किंतु उतनी ही घनघोर अराजकता थानेदार के भीतर उत्पात कर रही थी। लाचारी और बेबसी में कभी वह अपने बाल नोचता तो कभी कसी मुट्ठी मेज पर दे मारता। थोड़ी थोड़ी देर में पानमसाले और तम्बाकू की फंखियां मारता और फिर पिच्च से कूड़ेदान में पीक उड़ेलता।

'साहब, बैठे रहने से क्या फायदा है...?' चौहान ने कहा।

'तो फिर क्या करें...?' थानेदार बिफर उठा ।

'नहीं साहब...' चौहान थानेदार के प्रलाप से विचलित नहीं था, 'चलकर कस्बे के कुछ लोगों से बात कर ली जाये। जो तमाशा होगा, वो यहीं के दो चार लोग ही तो करेंगे। चेयरमैन, जुहूर मियां, मास्टर नौरंगी लाल..., ये दो चार लोग ही तो इन सब मामलों को तूल देते हैं। इनसे मिल कर बात कर ली जाये तो ठीक रहेगा... ।'

थानेदार की बुझती आंखों में आशा की मद्धिम किरण प्रस्फुटित हुयी।

'तुम ठीक कहते हो यार....। इन लोगों को सम्हाल लो तो मामला आसानी से निबट सकता है।'

'यही तो साहब। चेयरमैन तो फिर भी समझदार आदमी है पर ये दोनों तो पूरे कुत्ते हैं। दिन भर भौंकते रहेंगे...।'

'क्यूं न अभी से इन्हें हड्डी डाल दी जाये...।'

'कोई हर्ज नहीं। वक्त पर गधे को भी बाप बनाना पड़ता है। चल कर इनके पैर पकड़ कर चार-पांच हजार थमा दिये जायें।'

'पर ससुरे बिदक न जायें...?'

'तो दो , चार हजार और...।'

'और चेयरमैन...?'

'उन्हें मेरे ऊपर छोड़ दें ...।'

चेयरमैन जाति के ठाकुर हैं और थानेदार जानता था कि सजातीय होने के कारण चौहान का उनसे अच्छा मेलजोल है।

'पर पूरी तरह चुप रहने वाले नहीं हैं ये लोग..।'

'कुछ तो करेंगे ही पर वक्त आने पर स्थिति को सम्हाल भी लेंगे...।'

'तुम्हें भरोसा है...?'

'काफी हद तक...।'

'पर साले पूरी नेतागिरी न झाड़ने लगें। मामला सीरियस है यह..।'

'देखिये साहब, कोशिश करने में क्या हर्ज है। वक्त पर अहमियत मिलने से शायद आंखों में कुछ लिहाज पैदा हो जाये। बाकी भगवान भरोसे...।'

नेताओं से भेंट करने से पूर्व सबसे महत्वपूर्ण काम वरिष्ठ अधिकारियों को घटना की जानकारी देना था। थानेदार जानता था कि संदेश पाते ही कप्तान और डिप्टी के फोन आने लगेंगे, तरह तरह के प्रश्न दागे जायेंगे, उसके अनुभव और योग्यता की छीछालेदर करते हुये डांट-डंपट होगी और थाने के चार्ज के हटने के लेकर लाइन हाजिरी या मुअत्तिली तक की धमकी दी जायेगी । यह सारा कुछ उसे अकेले ही झेलना होगा और असली अपराधी वहीं फर्श पर पड़े पड़े शायद ऊंघता रहेगा..।

...पर नियति से बचाव का कोई रास्ता ही कहां था...!

प्रधान लेखक को उसने खुद बोल कर वायरलैस मैसेज लिखवाया। अमूमन घटना की जानकारी देने का काम प्रधान लेखक तक सीमित रहता है किन्तु इस घटना की गंभीरता ही कुछ और है। थानेदार जानता है कि इस मामले की जांच जब कोई वरिष्ठ अधिकारी या सीआईडी जैसी एजेंसी करेगी तो घटना के बारे में भेजे जाने वाले प्रथम संदेश का भी बारीकी से विश्लेषण किया जायेगा। इसलिये इस संदेश को प्रधान लेखक पर नहीं छोड़ा जा सकता है।

सूचना भेजने के बाद थानेदार मय नायब दरोगा चौहान के जहूर मियां के दरवाजे पर जा पहुंचे।

अलस्सुबह थानेदार को अपने घर देखकर जहूर मियां का चकित होना स्वाभाविक था। थानेदार का चेहरा देखकर उन्हें समझने में देर नहीं लगी कि कोई पेचीदा मसला आन खड़ा हुआ है। और अपनी समझ और मानसिकता के अनुसार यह साम्प्रदायिक तनाव के अलावा और क्या हो सकता था। कहीं अंदर ही अंदर वह हुलस उठे पर उन्हें यह भी उलझन हुयी कि उनकी जानकारी या समर्थन के बिना कोई मुद्दा भला इतना गंभीर रुख कैसे धारण कर सकता है जो थानेदार की नींद उड़ा दे...।

पर पूरी बात सुनकर एक लम्बी सांस ली उन्होंने...।

'ओफ्फो, बखुरदार मैं तो डर ही गया था। सोचा कि फिरकापरस्त ताकतें अपना खेल खेल रही हैं ।'

'पर मियां, यह बहुत सीरियस मामला है...।'

'इसमें क्या शक है। थाने पर मौत...?' उनके स्वर में कुछ तल्खी उतर आई, 'पर मुझसे क्या तवक्को है। भाई, गलत काम तो गलत है...।'

'वो तो है, पर हमें आपकी मदद चाहिये...।'

'कैसी मदद जनाब...?'

'मामले को सुलझाने में हमारी मदद करें ...।'

'मदद करें...? मियां, थाने पर बेगुनाह को जान से मार दें और जहूर मियां

मदद करें ...। अल्लाह ताला के दरबार में मुझे भी पेश होना है...।'

'मियां, हमें गलत न समझें। जो गलती जिससे हुयी है, उसे तो सजा मिलेगी ही। महकमे में अब ऐसी वारदात को कोई नजरअंदाज नहीं कर सकता पर लाएनआर्डर की कोई समस्या पैदा न हो। जो वाजिब मदद हो सके, उतनी ही मदद मांगने आये हैं।'

जहूर मियां गंभीर मुद्रा में शांत बने रहे। उनका चेहरा सपाट और भावशून्य था। पुलिस वालों के प्रति उनके मन में कोई सदाशयता नहीं थी। वह जानते हैं कि यही थानेदार जो आज चिरौरी कर रहा था, काम पड़ने पर धमकाने, दुर्व्यवहार करने या फिर काम की पूरी कीमत वसूलने से बाज नहीं आता। जीवन मे ऐसे अनेक अवसर आये थे जब थाने से वह बुरी तरह अपमानित होकर लौटे थे।

पर जहूर मियां की चुप्पी से थानेदार उत्साहित था। उसने चौहान की ओर नजर डाली। वैसे भी वक्त की भारी किल्लत थी। तुरन्त पांच हजार की गड्डी निकाल कर उसने सामने रख दी।

'अरे यह क्या...।' बस इतना ही कहा जहूर मियां ने और उनके चेहरे पर एक कुटिल मुस्कान छा गयी।

योजना में पैर छूने की कवायद भी शामिल थी पर चाहते हुये भी उसे दाढ़ी वाले मुसलमान के पैर छूने का मन थानेदार का नहीं हुआ।

सीधे उठकर वे मास्टर नौरंगी लाल के यहां पहुंचे और सबसे पहले उस ब्राह्मण अध्यापक के विधिवत चरण स्पर्श किये उन्होंने।

मास्टर नौरंगी लाल प्राईमरी विद्यालय के प्राध्यापक पद से सेवा निवृत हुये थे। अब राजनीति और क्षेत्रीय ब्राहम्ण सभा का संचालन करते थे। थानेदार जानता था कि ब्राह्मण सभा के नाम पर वसूले गये चंदे का काफी धन वह डकारते थे। इसलिये योजनानुसार वहां ब्राह्मण सभा के नाम पर पांच हजार रुपये का चंदा दे दिया गया। हालांकि मास्टर ने उन्हें किसी प्रकार को कोई आश्वासन नहीं दिया ।

चेयरमैन से मिलने का काम चौहान के सुपुर्द था ही।

# - आठ -

जहूर मियां आदि से मिलने जाते समय थानेदार ने अपने विश्वस्त सिपाहियों को मृतक मनोहर के गांव भेजकर उसके परिवार वालों को बुलवाने का इंतजाम कर दिया था। सोचा यही था कि घरवालों को विश्वास में लेकर मास्टर नौरंगी लाल और जहूर मियां जैसे नेताओं की उपस्थिति में मनोहर की लाा को जिला मुख्यालय पोस्ट मार्टम के लिये भिजवा दिया जायेगा। थाने में लाा की मौजूदगी उत्तेजना का उबाल पैदा करने में सहायक होती है।

किन्तु परिस्थितियां इतनी सहज और सरल नहीं थीं। थानेदार जानता था कि कस्बे के तमाम नेतागण इस घटना को नेतागिरी का मुद्दा बनायेंगे और इससे लाभ पाने की उनमें होड़ रहेगी। जहूर मियां और मास्टर नौरंगी लाल से बात करने के बावजूद वह अच्छी तरह जानता था कि ये लोग पूरी तरह निष्क्रिय और शांत रहने वाले नहीं हैं। वक्त पर वह अपनी कारगुजारी करने से नहीं चूकेंगे। फिर कस्बे में नेताओं और जनप्रतिनिधियों की क्या कमी थी- धर्मकांत सर्राफ, व्यापार मंडल के अध्यक्ष, तहसील बार संघ और तमाम राजनीतिक दलों के पदाधिकारी...। खबर मिलने पर स्थानीय विधायक का भी यहां पहुंचना लाजमी है। वे सभी इस अवसर का पूरा लाभ उठायेंगे। अक्सर ऐसे अवसरों पर एक प्रतिद्विन्द्विता नजर आती है। तब कोई भी पीछे हटने को तैयार नहीं होता। इससे मामला और पेचीदा होता चला जाता है।

दूसरी तरफ लोकतंत्र के चौथे स्तम्भ का भी दवाब रहेगा। अब गांव-गांव में तो तमाम समाचार पत्रों और न्यूज चैनलों के प्रतिनिधि हैं और खबरों को महिमा मण्डित करने में उनकी होड़ देखते ही बनती है। मामूली घटना पर भारी भरकम कैमरे कंधे पर लादे पलों में वे घटनास्थल पर पहुंच जाते हैं और बाल की खाल निकालने में लिप्त रहते हैं।

थानेदार के पेट में अजीब सी मरोड़ उठने लगी। चारों तरफ कांटे ही कांटे महसूस होने लगे। वह जानता था कि आज का दिन बहुत लम्बा और कष्टप्रद साबित होगा।

सूरज का प्रकाश चारों ओर फैल रहा था पर थाने पर प्रातः की स्फूर्ति व ताजगी न होकर एक मुर्दानगी सी छायी हुयी थी। हर कोई सहमा-सहमा सा नजर आ रहा था, हर कर्मचारी जैसे दबे पांव चल रहा था, शब्दों के स्थान पर वे फुसफसा रहे थे...।

अनिश्चतता और विवशता का साया चारों ओर मंडरा रहा था। ऐसा लगता था मानो हर कोई उस निश्चित त्रसदी की प्रतीक्षा भर कर रहा हो।

'साब, कप्तान साहब का फोन है...।' संतरी ने बतलाया तो जैसे पूरे शरीर मे बिजली का करेंट सा दौड़ गया। झटके के साथ वह उठ खड़ा हुआ और सिर पर टोपी लगाने लगा जैसे कप्तान सशरीर सामने खड़े हैं और उसे सैल्यूट करना है। याद आने पर टोपी पटक कर वह फोन की तरफ लपका, ' जय हिन्द सरकार...।'

अभिवादन के उत्तर में उसे डांट-डपट, लताड़ और धमकी की एक लम्बी सौगात मिली। वह इसके लिये तैयार भी था। कभी यह डांट-डपट बड़े दंड से बचा जाती है। उसका मन हुआ कि वह पुलिस अधीक्षक को सभी तथ्यों से अवगत करा दे, खास तौर पर अपनी भूमिका तो स्पष्ट कर ही दे। साथ ही अपने द्वारा किये जा रहे प्रयासों की भी जानकारी दे दे। पर पुलिस अधीक्षक ने उसे कोई अवसर ही नहीं दिया।

'सीओ, एसडीएम पहुंच रहे हैं। एक प्लाटून पीएसी भी पहुंच जायेगी। पर याद रहे कि सिचुऐशन बिगड़ने न पाये वरना सस्पेंशन के लिये तैयार रहना...।' कहकर कप्तान ने फोन रख दिया ।

काफी देर तक चोंगा हाथ में लिये वह यूं ही खड़ा रहा। खड़े-खड़े कांपने लगा वह। उसका पूरा बदन पसीने से तर था।

हाथ में चोंगे का ख्याल आने पर उसने उसे नीचे पटक दिया और मन ही मन अनगिनत गालियां बकीं उसने...।

...किसे, शायद वह खुद भी नहीं जानता था....!

आशंका को सच में तब्दील होने में ज्यादा वक्त नहीं लगा। गांव से सिपाही क्या लौटे कि देखते ही देखते थाने पर भीड़ जमा होने लगी। शोक-विलाप का ऐसा बवंडर सा उठा कि जो वहां से गुजरता, तमाशबीन बन कर रह जाता। मृतक के प्रति सहानुभूति जतायी जाती और पुलिस को जम का कोसा जाता।

-अरे पूरे राक्षस हैं पुलिस वाले...!

-अब तो रक्षक ही भक्षक बन गये हैं...!

-जवान लौंडे को थाने पर मार दिया । इन ससुरों के बाल बच्चे नहीं होते क्या...?

-लोकतंत्र तो नाम मात्र का है। असल में तो पुलिस राज चल रहा है...!

पत्रकारों का भी जमघट लगने लगा है और धीरे-धीरे कस्बे के सभी नेतागण वहां जमा हो गये हैं।

अंदर वार्ता का दौर चल रहा है ।

'दरोगा जी, यह तो नाकाबिले बर्दाश्त बात है। पुलिस ज्यादती का ऐसा

घिनौना नमूना और क्या हो सकता है कि पुलिस थाने पर कत्ल हो। फिर लोग बगावत नहीं करें तो क्या करें....।' जुहूर मियां कह रहे हैं।

'मियां, ठीक कहते हो', मास्टर नौरंगी लाल नें कहा है, 'हमने तो अंग्रेजों के समय में भी ऐसी बर्बरता नही सुनी। पुलिस नादिर शाह की तरह काम कर रही है। भोले-भाले लोगों को थाने पर पूछताछ के लिए लाया जाता है और फिर उनका यह हश्र.......। लोकतंत्र में यही सब होना है तो फिर स्वतंत्रा का क्या अर्थ है.....।'

'उस पर हम से मदद की उम्मीद है।' चेयरमैन साहब बोले हैं,' इस तरह थाने पर मार पीट.....। पुलिस के लिए कोई नियम कानून नहीं है क्या। सख्ती का यह मतलब तो नहीं कि आदमी की जान ले ली जाये। और फिर पता नहीं बेचारा इस जुर्म में शामिल भी था या नहीं.....।'

'जनाब....।' अब थानेदार बोला है,' मैं गलत काम का समर्थन नहीं कर रहा। पर मनोहर इस वारदात का सही मुल्जिम था। मैंने खुद दरयाफ्त किया था। कल ही इसके एक साथी को जेल भेजा है। उसी ने इसका नाम बतलाया है। उससे पूछा जा सकता है। मुल्जिम यह सही है पर पूछताछ में....।'

'किसी की जान ले लेंगे...।' पीछे खड़े धर्मकान्त सर्राफ चीख पड़े हैं।

'मैंने कहा न कि मुझे कोई सफाई नहीं देना...। मुलाजमानों से गलती जरूर हुई है पर इसमें किसी की बदयान्ती नहीं है।' थानेदार के हाथ जुडे हुए हैं।

'क्या मतलब...? आदमी की जान ले लें और आपको बदयान्ती नजर नहीं आती। क्या पूरे खानदान का सफाया करने पर ही पुलिस की बदयान्ती का पता चलता है...।' काला कोट पहने बार संघ के सचिव मुन्नी लाल गुप्ता ने चीख कर कहा है।

'वकील साहब, मुझे गलत मत समझिये। मेरा मतलब, हरिजनों की डकैती को खोलने के लिए सख्ती में...।'

'जान ले लेंगे....।' मास्टर नौरंगी लाल ने चीख कर कहा है।

'नहीं मास्साब, मैं तो सिर्फ सही बात बतला रहा था। मुझे आपकी मदद चाहिए।' थानेदार ने समर्पण करते हुए कहा।

'कैसी मदद ? किसी को जान से मार कर कोई मदद मांगने लगे, यह कहां का न्याय है...।' मास्टर नौरंगी लाल बड़े उत्तेजित हैं।

'मास्टर साहब, मदद का यह मतलब नहीं है कि दोषी को सजा नहीं मिलेगी। जैसा आप लोग तय करेंगे वही होगा। पर नुक्से अमल न होने पाये। ऐसे मौकों पर जरा सी उत्तेजना से बड़ी सीरियस ला एण्ड आर्डर की समस्या खड़ी हो जाती है।'

'सो हालत तो बड़े नाजुक हैं। पर इतना सीरियस वाक्या होने पर भी कोई आला अफसर मौजूद नहीं है।। अफसरानवाला को फौरीं बुलाइये...।' जहूर मियां

पर सुबह की मुलाकात का असर नज़र आया है।

'सी ओ और एस डी एम साहब आ रहे हैं...!'

'नहीं, उनसे काम नहीं चलने वाला। कलक्टर और कप्तान को फौरन बुलवाइये। उन्हीं से बात करके मामला सुलझाया जा सकता है...।' मास्टर नौरंगी लाल ने भी कहा है।

'उनको भी खबर करवा दी है। आते ही होंगे। पर तब तक लाश को हटवाने में मदद कीजिए...।'

'वो कैसे सम्भव है...?' पीछे से विरोधी दल के एक नेता चीख कर बोले हैं,' लाश तभी हटेगी जब डीएम,एसपी आकर खुद कोई कार्रवाई करेंगे....।'

एकाएक नारों का ज्वार तेज हो गया है। 'पुलिस प्रशासन हाय-हाय','पुलिस मुर्दाबाद','गुंडागर्दी नहीं चलेगी' का आर्तनाद हृदय को दहला देने वाला है। थानेदार तुरंत बाहर निकल आया है। वहां मौजूद लोगों में भावनाओं का तापमान बढ़ गया है। थानेदार के हृदय की धड़कनें भी तेज हो गयी हैं।

पीएसी से घिरे पुलिस उपाधीक्षक और परगना मजिस्ट्रेट भीड़ चीरते आगे बढ़ रहे हैं। थानेदार ने आगे जाकर उन्हें अभिवादन किया है और फिर उन दोनों को थाना कार्यालय में ले जाकर पूरा घटना क्रम बतलाया है। तब वे थानाध्यक्ष कक्ष में आये हैं।

'एस ओ ने मुझे पूरी डिटेल बतला दी है।' परगना मजिस्ट्रेट ने बात आरम्भ की है,' हम इस पर शर्मिन्दा हैं। आप सभी लोग प्रशासन की हमेशा मदद करते आये हैं। मुझे मालूम है कि इस घटना को लेकर जनता में काफी आक्रोश है। पर जो गलत काम हो गया है, उसे खत्म तो नहीं किया जा सकता। अब कोई न कोई हल तो ढूंढना ही पड़ेगा..।'

'पर पहले डीएम और एसपी को बुलवाइये ...।' पीछे खड़े कई लोग एक साथ बोले हैं।

'वे लोग चल दिये हैं। आते ही होंगे। तब तक बातचीत तो शुरू की जाये। हम भी रात दिन आप लोगों की सेवा करते हैं। आधी रात में भी किसी काम के लिए मना नहीं किया होगा...।'

'हमारा वह मतलब नहीं हैं...।' चेयरमैन ने कहा है,' पर पब्लिक जिले के सबसे बड़े अधिकारियों को चाहती है...।'

'चेयरमैन साहब, मैने कहा नहीं कि वे लोग भी आ रहे होंगे। पर बात आगे तो बढ़े। यह तो बतलाइये पब्लिक चाहती क्या है...।' पुलिस उपाधीक्षक ने कहा है।

सभी लोगों ने एक दूसरे के चेहरे को देखा है। वे जानते हैं कि यह मामला

अत्यंत जटिल व उलझा हुआ है। अपनी ओर से कोई ऐसी बात न कह दी जाये जिससे मामला सुलझ ही न पाये। ऐसे में इज्जत भी किरकिरी हो जाने का भय रहता है। हर कोई चाहता है कि हल की पहल दूसरा करे जिससे बात बिगड़ने पर उसके सिर पर दोष मढ़ा जा सके। यदि सफलता मिली तो उसका श्रेय तो सभी लोगों को मिल ही जायेगा।

दोनों प्रशासनिक अधिकारी उनकी दुविधा समझ गये हैं।

'ऐसा कीजिए, आप लोग बाहर जाकर बात कर लीजिए। जैसा आप लोग कहेंगे, वैसा हो जायेगा। हो सकता है तब तक डी एम साहब ओर कप्तान साहब भी आ जाये।' पुलिस उपाधीक्षक ने कहा है।

सब लोग बाहर उठ कर जाने लगे हैं।

'जहूर मियां...।' थानेदार ने धीरे से कहा है,' कोई रास्ता निकालिए। जो खर्चा कहेंगे, कर दिया जायेगा। घर वालों को जो कहेंगे, दे दूंगा। एकाध की नौकरी भी कहीं लगवा दूंगा। पर इस वक्त...।' उसका स्वर दयनीय हो चला है । कातर नजरों से वह जहूर मियां को देख रहा है ।

आंखों में अपनत्व दिखा कर जहूर मियां ने उसकी पीठ थपथपाई है। उनके चेहरे पर शरारत भरी मुस्कान है।

वार्ता के साथ-साथ कानून व्यवस्था से निबटने की तैयारियां की जानी भी जरूरी हैं। परगना मजिस्ट्रेट और पुलिस उपाधीक्षक दोनों ही पुराने, अनुभवी अधिकारी हैं। अच्छी तरह समझते हैं कि इस प्रकार की जटिल स्थितियों के समाधान सरल नहीं होते। बात बिगड़ते देर नहीं लगती और तब पलों में हिंसा और लूटपाट का तांडव सड़कों पर नजर आने लगता है। मुद्दा होता कुछ और है और बन कुछ और जाता है। मसलन पुलिस के विरुद्ध आंदोलन में आपराधिक तत्व लूटपाट करने पुलिस के विरुद्ध लूट का आरोप लगा सकते हैं अथवा गुंडे आपसी झगड़ों को सुलटाने में खूनखराबा कर डालें जिसका इलजाम पुलिस पर लगे। यह कस्बा तो साम्प्रदायिक दृष्टि से भी संवेदनशील है और कौन सी बात साम्प्रदायिक दंगे का रूप ग्रहण कर ले, कहना कठिन है। इसलिये किसी भी नाजुक स्थिति से निबटने की तैयारी करना निहायत लाजमी है।

अतिरिक्त पुलिस बल, अश्रुगैस टोली, रबर बुलेट्स और वाटर कैननूस सभी का बंदोबस्त कर लिया गया है। प्रधान लेखक को मालखाने से आदमकद लाठियां निकालने की भी हिदायत दे दी गयी है। हालांकि लाठी हर सिपाही रखता है पर वक्त पड़ने पर कभी खाली हाथ आकर यूं खड़े हो जाते हैं जैसे सत्संग में बैठने के लिये बुलवाया गया है। जोखिम भरी ड्यूटी से बचने का यह भी एक बहाना है। सभी जानते हैं कि आजकल रायफिल का प्रयोग बड़ी ही विषम परिस्थितियों में

अंतिम विकल्प के रूप में किया जाता है और कोशिश यही रहती है कि अश्रु गैस या ज्यादा से ज्यादा लाठी चला कर काम चल जाये।

जिलाधिकारी और पुलिस अधीक्षक पास के एक डाक बंगले में आ गये हैं। वायरलैस और फोन से थाने के लगातार संपर्क में हैं। सभी वरिष्ठ अधिकारियों की तरह वे मौके पर तत्काल पहुंच कर अपने को इस पेचीदा मसले में फंसाना नहीं चाहते हैं। तर्क वही पुराना है जो थानेदार ने थाने पर अपनी मौजूदगी के सवाल पर हैड मोहर्रिर को दिया था। यदि किसी घटना में जिले के सर्वोच्च अधिकारी ही फंस जायेंगे तो अधीनस्थों के हितों की कौन रक्षा करेगा ?

उधर परगना मजिस्ट्रेट और पुलिस उपाधीक्षक भी मामले की गंभीरता को जान गए हैं। मौके का जायजा लेने के बाद वे समझ गए हैं कि फायरिंग तक की नौबत आ सकती है और तब तबादले से लेकर निलम्बन और पांच,छह साल तक चलने वाली न्यायिक जांच उन्हें झेलनी होगी जिसके चलते न प्रोन्नति संभव है और न ही कोई अच्छा पद..। जुडिशियल इन्क्वायरी चलने की दुहाई...! भविष्य में इसी को लेकर जनता और मीडिया द्वारा छीछालेदर..., हत्यारा, जनता का खूनी, नादिरशाह, जनरल डायर जैसे विशेषणों का जम कर प्रचार....। वे जानते हैं कि एक घटना उनकी नौकरी का पूरा ग्राफ उतार सकती है, कभी-कभी तो पेंशन तक में अड़ंगा लग सकता है- एक ऐसी घटना जिसमें वे कोने में फंसे हैं और बल प्रयोग के अलावा और कोई विकल्प ही नहीं है। इस विवशता को भला कौन समझता है- न जनता, न प्रेस और न ही सरकार....!

ऐसे में कोई भला अपनी नौकरी को खतरे में डालने का जोखिम क्यों उठायेगा ?

इसलिए इन दोनों अधिकारियों ने सलाह कर जिले के आला अफसरों को आने का निवेदन कर लिया है। वे जानते हैं कि जिलाधिकारी और पुलिस अधीक्षक की मौजूदगी से उनके कंधे का बोझ हल्का हो जायेगा। तब हर कार्रवाई के लिये उन्हें ही उत्तरदायी माना जायेगा।

'इतने अनुभवी अधिकारी होकर भी आप मामले को सुलझा नहीं पा रहे हैं। इट्स ब्लडी शेमफुल। आई थॉट यु आर ए काम्पीटेंट आफीसर।' जिलाधिकारी ने परगना मजिस्ट्रेट को धिक्कारा है ।

'लगता है आप रिजर्व ब्रांच से हैं,' पुलिस अधीक्षक ने अपने डिप्टी की खबर ली है,' थानेदार या किसी कोतवाली में इंसपेक्टर रहे होते तो इस तरह हाथ पैर नहीं फूलते आपके। थाने पर ऐसे मौके आते ही रहते हैं।'

'सर, पब्लिक जिले के वरिष्ठ अधिकारियों की मांग कर रही है।' परगना मजिस्ट्रेट ने कहा है ।

'अरे पब्लिक का क्या है। लखनऊ में मुख्यमंत्री को बुलाने की मांग करने लगती है। कभी डीजी और मुख्य सचिव को मौके पर चाहती है। तब क्या प्रदेश के सबसे बड़े अधिकारी मौके पर जाते हैं?' जिलाधिकारी ने हड़काया है।

'जिम्मेवारी से बचने से कुछ नहीं होता। हर मामले में डीएम, एसपी जाने लगेंगे तो जिले में और अफसरों की क्या जरूरत होगी।' पुलिस अधीक्षक ने ललकारा है ।

अब दोनों कनिष्ठ अधिकारी शांत हैं। वे जानते हैं कि ऐसे अवसरों पर चुप्पी सबसे कारगर शस्त्र है। वरिष्ठ अधिकारी से तर्क या उनके सामने सफाई बेमानी है। अपनी छीछालेदर ही होती है। फिर डांट-डपट का यह कार्यक्रम वायरलैस पर हो रहा है, इसलिये सार्वजनिक है। पूरा जिला इसे कान लगाये सुन रहा होगा।

'डीएम, एसपी हाय-हाय', 'पुलिस प्रशासन मुर्दाबाद', 'गुण्डागर्दी नहीं चलेगी', 'मौत की सजा फांसी है', 'हत्यारे को सामने लाओ'...., एकाएक नारों का शोर जैसे आकाश को चीरता जा रहा है। ऐसा लगता है कि भीड़ को किसी अदृश्य उत्तेजना के बवंडर ने रौंद डाला है। थके-मांदे लोग एकाएक इधर उधर दौड़ने-भागने लगे हैं। लाश को घेरे औरतों-आदमियों का रुदन थाने की दीवारों को प्रकंपित कर रहा है।

बड़ी मुश्किल से जिलाधिकारी व पुलिस अधीक्षक भीड़ को चीरते आगे बढ़ रहे हैं। थानेदार का हृदय बुरी तरह कांप रहा है। उसके मन में यह आशंका भी है कि कोई सिरफिरा दोनों वरिष्ठ अधिकारियों पर ही वार न कर बैठे अथवा कोई अशोभनीय टिप्पणी ही न कर बैठे। ऐसी अराजक स्थिति में कुछ भी संभव है। भीड़ मानसिकता का व्यवहार एकदम अप्रत्याशित होता है। तब साथी पुलिस कर्मियों पर काबू रखना असंभव सा हो जाता है।

'ये सब क्या तमाशा कर रखा है...?' कार्यालय में प्रवेश करते ही पुलिस अधीक्षक थानेदार पर बरस पड़े हैं,' एक तो अपराध कंट्रोल में नहीं रहेंगे और फिर ये हरकतें। जन सम्पर्क का यह नमूना पेश कर रहे हैं। पूरा थाना सस्पैंड करूंगा। रोजमर्रा हिदायतें दी जा रही हैं। सरकार और ह्यूमन राइट्स के निर्देशों के सरकुलर जारी किए गये हैं। पर आप पढ़े तब न...। मालूम है यह कितना सीरियस मामला है...। पूरे जिले पर कालिख लग जाती है ऐसी शर्मनाक घटनाओं से। साल भर की मेहनत से पुलिस की छवि सुधारने की जो कोशिश होती है वो तुम जैसे नालायकों की वजह से मटियामेट हो जाती है। हमारी अलग जवाबदेही। करे कोई, भरे कोई...।'

थानेदार मुंह लटकाये खड़ा है।

पुलिस उपाधीक्षक भी सिर नीचा किये बैठे हैं।

कमरे में चुप्पी उतर आयी है।

'चलो...।' जिलाधिकारी ने मौन तोड़ा है,' अब बताओ पूरा वाक्या क्या है ?'

थानेदार ने पुलिस उपाधीक्षक को बोलने का इशारा किया है। वह जानता है कि एक तो उसकी बात पर कम विवास किया जायेगा और दूसरे डांट-डपट की संभावना भी प्रबल है। हो सकता है कि घबराहट में वह कुछ कह ही न पाये अथवा कुछ का कुछ ब्यान कर दे।

पुलिस उपाधीक्षक ने घटना का पूरा वृत्तांत प्रस्तुत किया है।

'अच्छा आप लोगों ने बात की होगी। अब करना क्या है ?' जिलाधिकारी ने पूछा है।

'जी सर, यहां के मुअज्जिज लोगों को बुला कर बात की है हमने। पर सर, आप जानते हैं कि यहां तो हर चीज में पालिटिक्स घुस जाती है। इसीलिये आपस में कोई एक राय ही नहीं बना पा रहे हैं। वैसे भी इन सब का आपस में छत्तीस का आकड़ा है। हमने ही उन्हें आपस में सलाह मशिवरा करने की राय दी है।'

'अब बुलवा लीजिए उन्हें। ज्यादा देर करना ठीक नहीं। और हां, ये लाश अभी तक क्यों नहीं हटवाई गई? सीओ साहब आप तो पुराने आदमी हैं। थाने के बीच में इस तरह लाश रख कर कभी हल निकल सकता है...?'

'मैं भी इस पर हैरान हूं...।' पुलिस अधीक्षक ने कहा है,' कम से कम लाश को तो पोस्टमार्टम के लिए भेज दिया होता या यहां से हटवा दिया होता। यह काम तो भीड़ के जमा होने से पहले ही किया जाना चाहिये था। लाश देखकर तो लोग उत्तेजित ही होते रहेंगे...।'

'सर कोशिश की थी पर....।' पुलिस उपाधीक्षक ने धीरे से कहा है।

'खाक कोशिश की थी। चलिये, उन लोगों को बुलवाइये।'

पुलिस अधीक्षक ने आंखे तरेर कर डिप्टी व थानाध्यक्ष को देखा है।

सब लोग अंदर आ गये हैं। वार्ता आरम्भ हो गयी है। पर इस बार जहूर मियां, नौरंगी लाल और धर्मकान्त सर्राफ के तेवर बड़े तीखे और उग्र हैं। वे जानते हैं कि जिले के सर्वोच्च अधिकारियों पर अपना रूआब गालिब करने का यह सुनहरा मौका है। फिर इसका प्रभाव नीचे के अधिकारियों तक पड़ जाता है। ऐसे अवसरों पर जो जितनी अभद्रता करे, उसका कद उतना ही बढ़ जाता है।

'एक गरीब, मजलूम और बेगुनाह नौजवान की इतनी बेरहमी से पिटाई कि वह जान गवां दे, जिले की पुलिस की हैवानियत और दरिंदगी की जीती जागती मिसाल है।' जहूर मियां ने मोर्चा सम्हाला है,' लगता ही नहीं कि पुलिस किसी कायदे कानून को मानती है। जिसको चाहे थाने लाकर उसकी जिंदगी से खिलवाड़ कर ले।'

'मैंने कहा न कि अंग्रेजी सरकार में भी पुलिस का रवैया इतना आततायी और

निरंकुश नहीं था।' मास्टर नौरंगी लाल ने कहा है,' मैं तो कभी सोच भी नहीं सकता कि स्वतंत्र भारत में लोकशाही में किसी को थाने पर लाकर इस निर्ममता से पीटा जा सकता है कि उसकी जान ही चली जाये।'

'गरीब था न, इसलिये पिटता रहा। यही कोई अमीरजादा होता तो रुपयों की गड्डी पुलिसवालों के मुंह पर मारता और रिहा...। कप्तान साहब, बिना पैसे के यहां की पुलिस न कुछ करती है और न ही किसी को बख्शती है। भ्रष्टाचार का ऐसा नंगा नाच तो किसी महकमे में देखा ही नहीं जाता। लानत है ऐसी पुलिस फोर्स पर जिसके मुखिया आप हैं। रोज ब्यानबाजी करते हैं, अपराध नियंत्रण का दावा, कार्य प्रणाली में सुधार का दावा , पुलिस छवि को बेहतर बनाने का दावा...., आज अपनी आंखों से देख लीजिये...।' धर्मकांत सर्राफ ने पूरी उग्रता के साथ कहा है।

'देखने को क्या बचा है,' विरोधी दल के एक नेता ने कहा है,' इस वक्त पुलिस राज है भाईयो। पुलिस को पूरी छूट मिली हुयी है। जिसको चाहे पकड़े। पर अब जनता इसे और बर्दाशत नहीं करेगी। ये तो आज हम लोग नहीं होते तो जनता के आक्रोश का अहसास होता। यहां कोई पुलिस वाला नहीं दिखता। पूरे थाने को आग लगा दी जाती। एक नहीं , दो-चार लाशें बिछी होती यहां...।'

'अरे भाई, ऐसी बातें मत करो...।' चेयरमैन ने बात सम्हाली है,' पर डीएम साहब, आप समझते हैं कि इस घटना को लेकर कितना रोष है। पुलिस हिरासत में मौत से ज्यादा और क्या गंभीर बात हो सकती है। पुलिस जनता की रक्षा के लिये है न कि जान लेने के लिये...।'

'पुलिस हाय हाय', 'पुलिस मुर्दाबाद' के नारे पीछे खड़े कुछ लोग लगाने लगे हैं। आगे से कुछ लोग खड़े होकर उन्हें शांत करा रहे हैं।

जिलाधिकारी और पुलिस अधीक्षक ऐसी स्थितियों को देख चुके हैं। पूरे धैर्य व संयम से वे सबकी बातें सुन रहे हैं। वे जानते हैं कि धैर्य ही सफलता की कुंजी है।

'देखिये,' अब पुलिस अधीक्षक ने कहा है,' आपकी भावनाओं का सम्मान करते हैं हम। आपकी सब बातें ठीक हैं। गलत काम तो गलत होता है। ऐसे मामलों में मैं खुद सख्त कार्रवाई करना चाहता हूं। पर आप बतलायें जनता चाहती क्या है...?'

'कप्तान साहब, कत्ल का मुकदमा कायम किया जाये और जिसने यह हरकत की है, उसे पब्लिक के सामने गिरफतार करके जेल भेजा जाये...।' चेयरमैन ने कहा है।

'मुंह काला करके और हथकड़ी लगा कर...।' पीछे से किसी ने कहा है।

'मुकदमा जरूर कायम होगा। आप लोग तहरीर दीजिए। तफतीश से जो दोषी

पाया जायेगा, उसके विरूद्ध सख्त कार्रवाई होगी...।' कप्तान ने गोल मोल उत्तर दिया है।

'कप्तान साहब, तफतीश वगैरा की बात मत कीजिए। सबूत किसने देखा है। बिना गिरफ्तारी के जन आक्रोश शांत नहीं होगा...।' धर्मकान्त सर्राफ ने कहा है।

'पर बिना सबूत या जांच पड़ताल के गिरफ्तारी...?'

'कप्तान साहब, जनता को बेवकूफ मत समझिये...।' इस बार जहूर मिया तेज स्वर में बोले हैं, 'पुलिस सबकी गिरफ्तारी सबूत इकट्ठा करने के बाद ही तो करती होगी। हम लोगों को फुसलाने की बातें मत कीजिए। जिसको चाहे पुलिस पकड़ कर ले आती हैं, तब आप इन लोगों से सबूत नहीं पूछते...।'

'अरे जनाब..,' जिलाधिकारी ने हस्तक्षेप किया है,' हमें गलत मत समझिये। इस मामले में हम आपकी भावनाओं का सम्मान करते हैं। जिसने गलती की है उसको सजा जरूर मिलेगी। पुलिस वाले भी तो आपके ही भाई बंद है। रात दिन दौड़ते भागते हैं। अब गलती हो गई है तो कम से कम यह तो देख लिया जाये कि दोषी को ही सजा मिले...।'

'डी एम साहब, हम तो नहीं कह रहे हैं कि निर्दोष आदमी को सजा दे दें,' मास्टर नौरंगी लाल ने मोर्चा सम्हाला है, 'थानेदार मौजूद हैं, सभी पुलिस वाले यहीं हैं। क्या इन्हें नहीं मालूम कि दोषी कौन है। इस तरह टालमटोल होगी तो उसके गंभीर परिणाम हो सकते हैं। आखिर एक आदमी की जान गई है। जिससे यह काम किया है, उसको हथकड़ी लगाकर जेल भेजने में भी गुरेज है...?'

'देखिये...।' कप्तान ने उत्तर दिया है,' हमारी मंशा यह कतई नहीं है...।'

'तो फिर करिये गिरफ्तारी...।'

'मुकदमा तो कायम करवाइये...।'

'सब गिरफ्तारियां मुकदमा कायमी के बाद ही तो होती होंगी...।' जहूर मियां गुस्से में बोले हैं।

'कम से कम तहरीर तो दिलवा दीजिए...।'

'अच्छा तहरीर मिल जायेगी,' जिलाधिकारी ने बात सम्हाली है,' मैं जरा कप्तान साहब से एक मिनट अलग बात कर लूं...।'

दोनों अधिकारी कमरे के एक कोने में जाकर कुछ फुसफुसा रहे हैं। फिर क्षेत्रधिकारी व थानाध्यक्ष को भी वहीं बुलवा लिया गया है। आपसी मंत्रणा चल रही है। थानेदार केवल सिर हिला रहा है। वार्ता समाप्त होते ही वह कक्ष से बाहर चला गया है।

'ठीक है, आप बाहर जाकर बतला दीजिए कि गिरफ्तारी की जा रही है।' लौटकर पुलिस अधीक्षक ने कहा है।

'पर अभी...। हमारे सामने उसे जेल भेजा जाये, हथकड़ी लगा कर...।'

'हम पर यकीन करिये...।' जिलाधिकारी ने कहा है,' आपके सामने ही होगी। पर आप पब्लिक को समझाइये तो । मेरी गाड़ी से लाउडहेलर मंगा कर इन्हें दे दो।' उन्होंने अपने जमादार से कहा है।

'नहीं, पब्लिक के सामने घोषणा आप करिये। जनता आपसे सुनना चाहती है।' चेयरमैन ने कहा है।

'हम क्यों...? हमारी बात नहीं मानी तो...?' कप्तान ने पूछा है।

'वो सब हमारे ऊपर छोड़ दीजिए...।' जहूर मियां और मास्टर नौरंगी लाल एक साथ बोले हैं।

'ठीक है, पहले आप बात तो शुरू करें...।'

सब बाहर आ गये हैं। लोगों में उत्तेजना का उबाल सा आ गया है। नारेबाजी चरम सीमा पर है। ऐसा लगता है मानो कोई विस्फोट होने जा रहा है।

'सुनो भाइयो..।' मास्टर नौरंगी लाल लाउडहेलर पर चीख रहे हैं...।

थाना कार्यालय में अजब सी अफरातफरी मची हुयी है जैसे हाथ पैर फूल रहे हों उनके। आपसी सलाह-मश्विरे के बाद संग्राम सिंह की गिरफ्तारी का निर्णय ले लिया गया है। मालखाने से हथकड़ी निकाल कर हैड मोहर्रिर उस आरक्षी आवास की ओर चला है जहां संग्राम सिंह मौजूद हैं। उसके कदम बोझिल और चेहरा बुझा हुआ है। अपने ही साथी को हथकड़ी लगाना....? उसका हृदय डूब रहा है।

तभी एक सिपाही ने उसके कान में कुछ कहा है। चलते-चलते वह लड़खड़ा गया है। उसकी आंखें फट गयी हैं,हाथ कांपने लगे हैं। बेचैनी भरी नजरों से वह थानेदार को खोज रहा है। नजर आने पर वह उसके पास लपका है और उसके कान में फुसफुसा कर कुछ बतलाया है।

थानेदार के परेशान चेहरे पर संत्रस की लेप पुत गयी है। पास पड़ी बेंच पर वह धम्म से बैठ गया है। अपने दोनों हाथों से उसने अपना सिर पकड़ लिया है। ऊहापोह की स्थिति में जकड़ा वह काफी देर यूं ही बैठा रहा है। और तब भारी कदमों से उठकर वह पुलिस उपाधीक्षक के पास गया है।

'सर, एक बुरी खबर है...।'

'क्या ?'

'संग्राम सिह की औरत चल बसी। गांव से खबर आयी है।' उसका स्वर रुंध गया है।

'क्या...? अब क्या करें ?'

'अंतिम संस्कार के लिये उसका इंतजार हो रहा है...।'

'पर ये पब्लिक, कैसे समझाओगे इसे....?'

थानेदार के चेहरे पर मकड़ी का काला जाल सा बुन गया है। उसकी लाल आंखों में दर्द की प्रतिच्छाया मंडरा रही है। न वे शुष्क हैं और न ही द्रवित.....!

'सर, क्या करें.., कप्तान साहब को बतलाया जाये..?'

'तब संग्राम सिंह की जगह किसे जेल भेजोगे...?'

थानेदार चुप है ।

पुलिस उपाधीक्षक भी शांत हैं।

वही चुप्पी दोनों की संधि रेखा है।

थाने के पिछवाड़े की दीवार से सटी एक गाड़ी खड़ी है। जनता के कुछ प्रतिनिधि वहां मौजूद हैं-गिरफ्तारी के गवाह के रूप में। हाथों में हथकड़ी लगे संग्राम सिंह को मकान के बाहर लाया गया है। उनके पैरों में जैसे बेड़िया पड़ी हैं। वह लड़खड़ा कर चल रहे हैं जैसे किसी भी पल गिर पड़ेंगे। उनकी आंखों में तेज धूप की कंटीली शुष्कता है। थाना परिसर में स्थित मकानों से झांक रहे सिपाही और उनके परिवारजन फूट-फूट कर रो रहे हैं। चारों ओर से घूर रही नजरों से संग्राम सिंह पूरी तरह असंपृक्त हैं। केवल एक बार बरबस वह इधर उधर जरूर देखते हैं जैसे उनकी नजरें किसी को खोज रही हैं।

चारदीवारी की छोटी दीवार में बने संकरे रास्ते से ले जाकर संग्राम सिंह को वहां खड़ी गाड़ी में बैठा दिया गया है।

और गिर्ररर्र करते हुए गाड़ी फुरर्र हो गई है...., गर्द और गुबार उड़ाती...।

दिन के बावजूद पार्श्व में जैसे संतरी की आवाज पूरे वातावरण को चीरती महसूस हो रही है- चलो दोस्त, सब ठीक है.....!

-----